张志宏◎著

中国文化发展论要

从『人文化成』到『和而不同』

上海人民出版社

目　　录

1

下编　文化的主体性与世界性

前言 让文化"自然"成长

一、文化的生态环境

关于文化，这里有几个关系紧密而复杂的概念，它们之间的关系可以表述如下：（1）文化是人特有的存在方式。（2）人存在于自然界与人类社会中。自然界不是自在自然，而是人化自然；社会既是人造社会，也是人类衍化的自然结果。（3）自然界是一个有机联系的生态系统，人类社会是自然生态系统的有机组成部分；人类社会也是一个有机联系的生态系统，每一族类都是社会生态系统的有机组成部分；每一族类又是一个有机联系的生态系统，每一成员都是族类生态系统的有机组成部分，以此类推。（4）人是文化地存在着的，文化是人在各个层次的生态系统中改变对象与被对象改变的过程和成果。① 因此族类生态系统、人类社会生态系统，乃至自然生态系统作为人的存在场域，在本质上都是文化的生成场域。（5）文化借助于人穿梭在不同层次的生态系统中，随着人的发展而发展。文化发展的动力源于人与各个生态系统的交互作用。

以上对人、文化、自然、社会复杂关系的简单表述所展现的是文化生成及其发展的条件与动力。其中的逻辑和思路与现当代文化生态

---

① 这里所谓"改变"与"被改变"并不一定指形态的变化，也包括性质的变化。比如人赋予自然以价值或意义，使自在自然"改变"为人化自然。同理，人类的"被改变"，可以表现为适应自然。

学对文化生成与发展的分析与描述具有基本的一致性。

文化生态学的概念最早是由美国文化人类学家朱利安·海内斯·斯图尔德（Juliar Haynes Steward）于 1955 年在其著作《文化变迁论》（*Theory of Culture Change*）中提出来的。斯图尔德将"文化中与自然界关系最直接的部分——生存或生产策略"视为"文化内核"，并由此出发研究环境和文化在形成文化变迁过程中的互动作用及其关系。他"从'可能主义'的观点出发了解文化生成和变迁的原因，主要探讨了面对历史变迁的机遇和环境改变的影响，文化自身是如何作出应对和选择的"①。斯图尔德认为"文化生态学就是要研究环境对文化的影响，认为特殊类型的生态决定了作为文化载体的人的特征"②，从而导致不同文化样态的形成。尽管文化生态学在其后的发展中出现了更多的研究方向，比如在当代，"环境"的内涵已经借由新兴科技得到扩充，这不仅表现为人类生活空间的扩展，而且表现为人类交往空间的扩大。从而文化生态学的研究必然要将这种内涵扩充了的"环境"纳入考察范围。③但是尽管如此，其理论关注的重点依然是环境—人—文化之间的交互作用及其结果。"文化生态学承认文化之间存在实质性的不同，它们是由一个社会与其环境互动的特殊适应过程造成的"④，即文化生态学强调不同族类文化由于其族类生存环境，包括自然环境与社会环境的差异而必然具有特殊性和个性。这种特殊性和个性主要是建构性的，或者说可以还原为一种文化生成的特殊机制，它使得不同族类文化即使与同等的外来文化相互作用，也会产生作用结果上的深层差异。这种差异类似于我们说的橘生淮南与淮北的差异。正如我们知道造成橘枳差异的原因是淮南与淮北的生态环境，文化生

---

① 李平：《文化生态学研究进展及理论构建》，《佛山科学技术学院学报》（社会科学版）2015 年第 2 期。
② 黄育馥：《20 世纪兴起的跨学科研究领域——文化生态学》，《国外社会科学》1996 年第 6 期。
③ 比如研究媒体环境——作为一种依托科技和社会发展而建构的人为环境——对人类生活及其文化的影响。参见上注。
④ ［美］朱利安·H. 斯图尔特：《文化生态学》，潘艳、陈洪波译，陈淳校，《南方文物》2007 年第 2 期。

态学认为，造成文化差异的原因也在于文化所处的生态环境。

按照文化生态学关于文化的适应生成与互动发展的理论预设，文化的生态环境有两层含义。其一是指文化的存在境遇；其二是指不同文化构成的生态系统。前者是指与某种文化相依存的自然与社会生态系统。所谓相依存就是说，此文化与其所存在的自然与社会生态系统是相生相长的关系。生活于此自然和社会生态系统中的人（族类）与该生态系统处于改造与被改造的适应性互动状态，在这种适应性互动过程中，文化是人为了适应环境而创造出来的；文化生成后又作用于人与环境，使其发生变化，获得发展。此双向互动循环发生，直到建立相对稳定的族类生态系统。这种稳定性即表现为族类文化传统的定型。后者是特指文化生态，即由不同族类文化所构成的人类整体文化的存在状态。比如我们说人类文化具有多样性就是对这种存在状态的一个特征性描述。这里的重点是异族文化或不同类型、样态的文化之间的互动关系。比如东西方文化之间的关系、物质文化与精神文化之间的关系、流行文化与传统文化之间的关系、科学与艺术之间的关系等等。由于文化的层次、种类极其丰富，文化生态必然是错综复杂的，但是正如复杂的自然生态造就了壮观美丽的自然界一样，正是多样并存的文化生态才展现出人类智慧的卓越与伟大。

二、文化的自然性与人为性

从生态学的视角来看，文化俨然是某种生命的特殊形态。它同样有相应的萌芽与生长、幼稚与成熟的不同阶段；每种文化都有与之相互依赖、相互作用的环境和条件，并因之产生文化差异；不同文化之间有共性也有个性，同种文化不同阶段会表现出"遗传"和"变异"；不同文化各自独立，又彼此关联——既相互吸引又相互排斥，既相互借鉴又相互攻讦，相生相克、相辅相成，共同构成人类文化多样并存的大生态。如果我们将人本身视为文化的产物，或者说是行走着的文化，那么文化的存在及其发展的整个过程就可以理解为一个自然的生态过程，在它纷繁复杂、多姿多彩的表象背后是简单而深刻的运动规律……事实上，文化确实具有明显的"自然性"。

就人类所能知道的范围来说，凡造物之生成，只有两种方式：一种是人直接参与[①]，我们称之人为；另一种是人不直接参与，我们称之自然，这种自然也就是中国道家所谓的自然而然。就文化来看，其生成并不是人类凭一己之力任意创造出来的。如果说文化存在某个起点，那么它在这个起点上几乎可以被视同一个自然生成物，是人这一族类在依托自然的生存和发展的具体活动中"自然"而然地生成的；如果将人作为自然生命族类的一种，那么人的现实存在本身就是一种自然过程——这种自然过程可以解释为人成其为人所应然的过程，在这一点上人类的存在过程与其他自然生命族类成其为自身的存在过程没有根本的不同，因而作为其存在方式的文化当然也就具有与现实的人一体性的"自然"生成性。

然而文化的生命乃是人类生命的投射。文化是人类的存在方式，而人类的存在方式是千差万别的。"虽然许多种动物都表现出具有学仿能力和将学仿到的行为传授给同类的能力，但是在单一物种内部一般不表现出行为的差异性；而这种差异性恰恰是人类的特征。……（人类）表现出在体质上的高度一致和行为上的极其多样。"[②]在地球广阔复杂的生态环境中，散居各地的人类在适应环境以求得更好生存和发展的过程中创造出各异其趣的文化。这些风格各异的文化在本质上都是以符合其族类生存与发展的内在需要为基本价值的，也就是说，都是以本族类的存在利益作为文化创造的出发点和归宿的。这就导致了文化必然具有人为性，即文化必然是人类有意向性、有选择性地与自然、社会环境进行互动，人为地"刻意"创造出来的。不同族类的人

---

① 直接参与的意思在这里是指人的肉体或精神发挥了现实的变化作用，或者说人的肉体或精神是可以观测到的引起变化的现实因素。当然这种可以观测到只能是一种近似的表达。如果按照最新的量子力学理论，一切事物与其存在环境及其中的任何其他事物都不可分离，因而都存在相互作用。

② ［美］拉尔斐·比尔斯等：《文化人类学》，骆继光、秦文山等译，周继基校，河北教育出版社1993年版，第25页。

为"刻意"不同,因而文化也不同。

文化的自然性提示我们必须正视并尊重文化自身特有的发展规律。近代西方哲人格劳秀斯在论证人的自然权利问题时指出:"自然法是极为固定不变的,甚至神本身也是不能加以更改的。……因为事物的本质,其本性和存在,是只依靠自身,而不依靠任何物的。……所以神自身也要忍受他的行动受这一规则所判断。"① 这就是说,上帝虽然是造物主,但是其所造之物一旦生成,却会按照自身的规律存在与发展,并且这一规律性即使全能如上帝也不能任意篡改。人之于文化的权力正如上帝之于万物的权力。虽然人类可以充分发挥自身的文化创造性,自觉地有意向性地与环境进行积极的良性的互动,以生成新的能够符合自身内在价值需要的文化——正如神以其爱憎教人爱憎一样,但是其所创造的文化最终却作为一种新物与环境融为一体,成为人无法任意篡改和革除的,必须与之互动的环境的一部分。比如文化传统和传统文化对于本族类来说,就已经转化为其存在与发展所不可或缺的人文环境,我们只能与之安适相处、积极互动,以寻求蓬勃生意,而不可能脱离环境,或仰人鼻息,寄希望于非本族类的文化来改造我们的存在,使我们脱胎换骨。

文化的人为性则提示我们必须谨慎而克制地对待文化的生成和发展问题。文化的人为性体现了人类的"自我"维护的立场,这种"刻意"立场预置了人类文化的两种危机。一种是人类文化的生成不断突破自然的生态承载力和系统平衡;另一种是使得不同文化在接触和交流的过程中存在排异和统一并存的矛盾倾向。前一种危机已是既成事实。从文化生态观的角度来解释,这种危机是由于人类的文化创造活动更多地脱离了与现实环境之间的互动,破坏了文化自然的生成机制,而赋予了文化更多"任意妄为"。在后一种危机中,排异是一种消极的自我维护,体现了对他者文化侵蚀的警惕;而统一是一种积极的自我维护,是通过取缔他者文化实现自身文化力量的扩张。在现实层

---

① 黄枬森、沈宗灵主编:《西方人权学说》上,四川人民出版社1994年版,第15页。　　5

面我们所看到的极端民族主义、文化保守主义主要是前一种倾向。这种倾向比较直观，甚至以激烈冲突的方式表现出来，因此容易为人们所辨识。而后一种倾向则往往具有迷惑性。早期的文化殖民主义属于低级的表现。在当代，这种倾向可能会以温情的方式潜移默化地使不同族类文化丧失自身的立场，成为某种优势文化的附庸，甚至彻底地湮没了族类文化的特异性。当代，"在全球化的冲击之下，越来越多的民族文化、地方文化面临生存危机，文化差异减小，文化趋同加剧，文化多样性锐减，文化生态问题日益突出"[1]，这就是这一倾向上文化危机存在的表征。

三、"人文化成"与"和而不同"

人类是与自然界其他生命不同的。这一点不只是一种生物学意义上的归类性描述，更是一种哲学意义上的区分。在哲学意义上，人类与其他生命的一个根本性区别就是人类是一种未完成的生命，具有无限可能。这种基底性的存在性质使人类及其社会生活充满着变数，也使人类的发展一则以喜、一则以忧。而作为人类特有的存在方式，文化不仅集中地表征了这种变数及其带来的喜忧，而且以一种观念的形式反过来塑造了人类的行为心理、精神面貌，进而影响人类、人类社会乃至整个世界的发展进程。

文化的功能在于改变人类的生存境况。人类的生存境况一方面表现为人的物质生命的满足程度，另一方面表现为人的精神生命的满足程度。从文化生态学的立场，人类在与自然世界的互动中逐渐学会调整自身的物质生命和精神生命以适应自然界的规律性的生态演化，同时也学会改造自然事物，使之能够与自身物质生命与精神生命的存在和发展相得益彰。文化由此产生。文化既是人类活动的基本性质，也是人类活动的成果。就前者来说，任何一种人类文化都具有最能够与

---

① 朱以青：《文化生态学语境下的文化多样性》，《山东社会科学》2012 年第 9 期。

其族类的物质与精神需要相贴切的性质，即族类与其族类文化之间是一体性的存在，不可分割。就后者来说，作为成果的文化并不是一种抽象的存在，文化成果一旦形成就如同人类维持生命所必须的营养物质一样。文化成果作为族类创造出来满足自身物质与精神需要的产物，必然会渗透到族类生活的方方面面，其对族类物质生命与精神生命的影响正如食物对人类的影响一样。如果说食物能够改变人类的体质，那么文化则使该族类成为其本身。这就是文化对人的化育功能。不仅如此，文化还通过对族类的化育进而营造出适合族类生存与发展的人文环境——自然与社会环境。这个过程就是人文化成的过程，是一个不断持续、没有终点的过程。

文化对人的化育过程在族类中是通过文化的习得来实现的。"事实上，一种文化就是一套通过学习获得的、使一个具有决策行为的人群显示出其特征的思想和行为方式。"①但是这种文化的习得不能理解为通常意义上的学习。这个习得是包括环境的熏染、亲情的传递、内心的感悟等等在内的对文化的内容、形式、精神的理解、认可、传承与发展。这种文化习得化育族人的过程类似于食物在人体内的消化过程。因此一种文化所化育的族类，不论其表象上存在多少差异——这种差异是个体的客观差异造成的——在那些支撑其人格特征的深层的根性上，例如在思维方式、行为心理、精神面貌等方面总是异于其他族类的。也正因为如此，一旦打乱或中断了这种文化，特别是作为这种文化根基的传统的习得化育过程，就等于干扰了这个族类的正常发展——一种自然而然的发展，最终结果就是种种文化乱象的出现、社会矛盾尖锐化以及人的迷失与异化的加深。

人类社会在一定意义上就是模仿自然世界而建构的。自然世界的万物差异转化为人类社会的人与人之间的差异；自然世界的规则秩序转化为人类社会的规则秩序。如此等等。从中华文化的立场来看，人类文化也应当是一座百花园，各族类文化适其时节、环境、条件竞相

---

① ［美］拉尔斐·比尔斯等：《文化人类学》，骆继光、秦文山等译，周庆基校，河北教育出版社1993年版，第30页。

开放，和而不同、相映成趣。各族类也依其文化和传统而坚持自身特色，在寻求本族类文化及族类存在境况更好发展的同时，与其他族类及其文化相互切磋，相互资鉴，共建和谐人文世界。然而当今时代，随着全球化的推进，文化生成的特定环境、族类文化的边界逐渐模糊。在强势文化的扩张、渗透、改造下，作为文化外壳的具体文化形态趋同性越来越强，人类似乎走在一条文化大同的整体发展的道路上。然而文化的差异是由人类及其生存环境的客观差异所决定的，文化大同不可能是没有差异的同一。按照中国哲学的和合观，和则生，同则不继，因而在当代及其未来，不论文化大同的趋势如何强劲，要确保人类社会——人文世界的可持续发展，就必须使族类文化的多样性得到承认和尊重，必须维护各族类的文化传统，给予各族类文化按照自身发展规律"自然"发展的空间。事实上，从生态学的角度来看，恰恰只有通过对各种族类文化"自然"发展的尊重和维护，才有可能建立一个生机勃勃、和谐有序的人类文化生态系统。

四、本书的逻辑结构

族类文化是一个民族的根脉，文化兴则民族兴，文化亡则民族亡。振兴民族必须复兴文化。自近代以来，中华传统与文化如何走出困境、回应时代需要以获得新的发展一直是萦绕在中国学人心头的重大理论和现实问题。然而一个多世纪以来，传统文化研究方面很难摆脱西方文化语境及其所设定的现代性主题，导致作为研究前提的传统认知与文化认同这样的基础问题没有得到真正解决。因此本书旨在从中华语境出发，以中华文化对概念特殊的界定思维对文化、发展、传统、创新等核心概念进行重新解析，力图建立一个立足于中华传统与文化主体性和话语体系的研究框架。全书分上中下三编：上编旨在对文化及其发展作出描述性的解读，使读者能够由此明确本书所坚持的文化发展立场，即一种人文性的整体发展观。中编主要探讨了文化与传统的关系及其发展的动力和路径，该部分同样坚持从概念的重置入手，厘清文化与传统、文化创新与传统创新之间存在的差异和关联。进而以此为基础对中华传统与文化进行考察，指出传统生生与存存的人文精神与正治的现实追求正是中华传统与文化面向现实发展的内生动力。该部分还对近代以来中国学人的文化复兴历程进行了分析，并对在当代如何进一步推动中华传统文化面向现实的合理展开提出了自己的构想。下编主要要解决的是中华文化的普遍性问题。在当代，人类面临着全球性的生存危机，而中华传统与文化在对治这些问题中体现出卓越的智慧。因此当前中华复兴所要思考的问题已经由现代性问题转向了普遍性问题，即中华文化如何为人类的可持续发展作出自己的贡献。但是文化本身是个性与共性的统一体，因此该部分着重解答了文化个性与共性形成的原因及其表现，并探讨了如何在尊重文化个性的前提下推进文化共性的认同，建立一个既能够保护多元文化的主体性，又在维护和促进人类整体的可持续的协调发展方面达成一致信念的人类文化共同体的问题。

上编　文化与发展

第一章　文化之要义

近代以来，中西学界关于文化的界定可谓"三多"：角度多、层次多、歧义多，究其原因乃在于每一定义背后都有各个学者自身的学术视野和立场。实际上，以文化作为人的存在方式来说，但凡与人相关的研究都与文化有关。人有多面，则文化就有多面。因此，若要作出笼统的适应各方的表达，确实为难；而若具体细分，又往往只能拘于某一论域或立场，其他论域或立场则被遮蔽或忽略，其结果此文化非彼文化。且各文化界定之间看似相对独立、自有道理，实则互相拉扯、皆难中的。所以对于文化这样意蕴庞杂的概念，与其用西方传统的解析方式硬性作出抽象概括，而致挂一漏万，不如以中国文化言简意赅的直呈方式，听任其自然地展现多样的丰富性。17世纪德国学者普芬道夫（Samuel Pufendorf）曾提出，文化是社会人的活动所创造的东西和有赖于人和社会生活而存在的东西的总和。[1] 这个界定虽然简单，但是却因其将人及其社会活动作为一个整体，而未至分层剖析，其结果反而与中国传统意义上的文化范畴及其表述最为贴近。

文化一词在中国确是古已有之。最初文与化各有其用。两字同时出现最早是在《周易·贲》的《彖辞》中："（刚柔交错）天文也；文明以止，人文也。观乎天文，以察时变；观乎人文，以化成天下。"在这里，文显然指向天体的运动与人类的活动所呈现的复杂现象（就《周

---

① 参见邵汉明主编：《中国文化研究二十年》，人民出版社 2003 年版，第 414 页。

易》卦象的哲学性来看，还应当包括现象内在的形成机制），暗合"文"的基本义：色彩线条错综的纹理。而化则代表在观乎天文察知时变的基础上，并进一步观乎人文之后，人类以其所观所思而形成的观念为指导展开的相应的实践活动，这种活动既是对观念的落实，也是以使对象发生合乎天文、人文的变化为目的的。汉代刘向正是以此为根据，将"人文化成"提炼出来，作为社会治理的方式："圣人之治天下也，先文德而后武力。凡武之兴，为不服也；文化不改，然后加诛。"（《说苑·指武》）意思是社会治理的合理方式是先文后武。兴武而治，只是在文治不能使人知行变化而臣服（心悦诚服）的情况下采取的不得已的方式。

在西方，与我们的文化一词相对应的"culture"最初是从人类的生产活动衍化而来的，其意思是农耕和栽培，之后进一步衍生为对人的能力和德性的培养。而其现代意义则是在西方近代神人抗争的启蒙运动中被释放出来的。其标志反映在文化活动施行的主体的转变上，即由过去文化活动掌握在神的手中转变为由人施行，文化不再是神的专利，而成为人类活动的表现及其产物。不论后来的西方学者如何细分①，或进行角度的转换，这种将文化视为向人回归的立场是始终如一的。而在中国古代观念中，人依靠其精神本质成为连接天地万物的关键环节。一切物质存在都要从人的身体出发去感知；人类活动"仰则观象于天，俯则观法于地""近取诸身，远取诸物"（《周易·系辞下传》），模仿自然化育万物的规律，将一个自在的自然世界转化为一个自为的意义世界，因而一切造物，包括自然的与社会的，无不在人类的仰观俯察之间烙上人类意志的痕迹。人成为文的作者，文成为人的作品；人是化的主体，化是人的活动。我们推测，近代日本学者在翻译西方"culture"的时候，之所以会从中国古代语汇中将文化挑选出来

---

① 美国人类学派克鲁伯（A.I.Krober）和克鲁柯亨（Clyde Kluckhohn）把他们收集的从1871年至1951年的164种文化定义进行分类，认为这些定义可分为描述性的、历史性的、规范性的、心理性的、结构性的、遗传性的等六大类。参见邵汉明主编：《中国文化研究二十年》，人民出版社2003年版，第415页。

与之对应,应当就是体认到西方近代以来在对"culture"的界定中所寄托的对人的本质力量的肯定,与中国古代的人文立场是内在相通的。

1952年美国文化人类学家克鲁伯和克鲁柯亨在其二人合著的《文化:关于概念和定义的检讨》一书中提出:"文化是包括各种外显或内隐的行为模式;它通过符号的运用使人们习得及传授,并构成人类群体的显著成就,包括体现于人工制品中的成就;文化的基本核心包括由历史衍生及选择而成的传统观念,尤其是价值观念;文化体系虽可被认为是人类活动之产物,但也可被认为是限制人类作进一步活动的因素。"① 这一对文化的界定性表述,较好地囊括了文化的本质、传播方式、核心内容以及文化与人的相互作用关系,勾勒出文化的基本轮廓。因此成为公认的比较成熟的文化概念。然而其不足之处在于,这种勾勒所得到的仍然只是一种静态的文化造型。

在中国古汉语的语法规则中,名词性的语汇往往具有能动转化的可能,其中所体现的不仅是语法规则的灵活性,更是将人的活动与人的活动效果理解为一种不可分割的自然过程的表现。"汉语是思维主体化的产物。""汉民族从不把语言仅仅看作一个客观、静止、孤立、在形式上自足的形象。而把语言看作一个人参与其中、与人文环境互为观照、动态的、内容上自足的表达与阐释过程。正因为如此,在汉语的分析和理解中,人的主体意识有更多的积极参与。"因而,"汉语的理解和分析必须着眼于它的主体意识、语言环境、事理逻辑、表达功能、语义内涵"② 。比如书,既可以指文本性的书稿、典籍,也可以指书写的活动;指,既可以指人的手指,也可以作动词使用,表示指向的动作。诸如此类。文也有这样的转变。文不仅可以表达静态的文明成就,而且能够表现动态的人文活动,甚至还有价值境界的意义。③ 所

---

① 转引自邵汉明主编:《中国文化研究二十年》,人民出版社2003年版,第415—416页。
② 申小龙:《汉语与中国文化》"引言:语言的人文性与汉语的人文性",复旦大学出版社2003年版,第1—2页。
③ 古代谥号中有"文"的往往意指该人生前具有崇文的精神品质或境界。如在《论语·公冶长》中当子贡问孔子何以得"文"的谥号时,孔子回答:"敏而好学,不耻下问,是以谓之'文'也。"

以人文可以理解为人类活动及其成就的总称,具有化成天下(包括改变自然、社会与人本身)的力量。

此外,在中国的语言习惯和表达思维中,文字越少,容量越大。文字反映的是人的认知界限、认知所及、文字所至。而任何复杂的事物都有无数面向,如果从"是什么"去表达,则必然挂一漏万;如果从"不是什么"去表达,又有可能局限于当下的认知。所以聪明的做法是虚其心,实其质,即立一本质而容其万象。中国文化所特有的这种表达思维在《周易》中已经十分明确地展现出来了。比如《周易》经部表现事物及其运动变化,只用了两个非常简单的符号,——和——。这两个符号既可以理解为两种不同本质,也可以说是一种本质的两种不同表现。正因为其极其简单,反而极富表现力。由这两个符号构建了八卦与六十四卦(如果需要甚至可以更多)两种包容万象、且能够用以解释一切事象的过去、此在与未来及其形成原因的文化体系。有鉴于此,我们认为,以"人文化成"来界定"文化",较之现代意义上的文化界定更能容纳文化的完整内涵,也更能彰显其精神本质。在理解上,人文化成的"文化"内涵只需要抓住四个关键。一是人,文化一定是与人相关;二是人文,即人类活动。这一活动主要指的是受人类意识引导的自主活动,而非动物性的本能或者无意识的活动;三是化,表现为人类活动对原生或再生材料①的改造,使之发生某种变化。这一变化乃为人与对象不断磨合的渐变过程;四是成,即文化活动目标的阶段性实现或过程的阶段性完成。具体说明如下。

一、文化是属人的

人是文化的主体,没有人就没有文化。在这个意义上,文化是与人同时产生的,人的历史就是文化的历史。反过来,文化也是人存在及其活动的表征。我们所能追溯的人类历史,总是以某种人类生存和

---

① 这里讲原生或再生材料意在涵盖人类活动之一切对象。

活动的遗留信息为线索的。而这些遗留信息在后世的人们来看就是文化遗存。文化的属人性集中表现在三个方面，一是人的意志参与文化创造。以《周易·系辞上传》"河出图，洛出书，圣人则之"为例来讲，假设河出图、洛出书是真实的现象，那么这时所谓的图象和书象并不是文化，因为它们产生于非人，属自然现象；而当圣人将它们绘制成图和书，并且以它们为依据来开辟文明时，这图与书及其后续的文明才是文化。也就是说，能够成为文化的东西，一定是由主体——人的意志参与创造出来的。二是文化因人而"在"。人的信息，包括人的情感、智慧、力量，甚至是人的肉体等均会以某种意义的方式附着或投射于造物之上，用我们现在的话来讲就是为造物增加一种人性的附加值，或者叫"人文要素"①。只有以这种方式存在的造物才是文化。比如人类关于"自然界"或"宇宙"的认知及其成果都是文化。而如果没有人的存在，没有人的意识作用于它，任凭再瑰丽、再可怕的自然或宇宙现象都无所谓"在"，也更不可能成为文化。三是文化为人而生。人类创造文化，将自身的信息加之于造物，其最终目的还在于使造物发生如"我"所愿的变化，即满足自身的内在需要，不论这种内在需要是何种层次的，也不论这种需要是否合乎当下的道德、法律、制度等现实规定。事实证明，人类历史上的各种正义的不正义的、道德的不道德的、合理的不合理的等等冲突的文化现象一直是互相伴随的。有些矛盾随着时间的推移和历史的进步得到了自然的解决，而有些矛盾却始终存在。但是无论如何，它们的产生都是通过人及其活动实现的，也都是为满足其创造者的内在需要而产生的，因而都属于人类文化的组成部分。

二、文化是人的自为活动的呈现

就文化是一种呈现来说，文化不是某种虚无缥缈的"无"，而是实

---

① 张汝伦：《再论人文精神》，《探索与争鸣》2006年第5期。

实在在的"有"。人类的文化活动必须以具体的方式呈现出来。比如上古时期的文化大多是缺乏确凿的文字资料和考古证明的。它通常存在于后人的传说中，这种呈现方式是间接的，而且往往超出人类的认知阈限。在中国，类似《山海经》《史记》等一些古代文献资料记载的上古英雄人物的生平事迹与当下人类能力可以达到的实际状况明显不相符合。这种现象在其他族类的早期文化中同样存在。如古希腊神话故事中描述的各路天神及其神迹。因此这类文化严格来说只能是后世文化，而不能作为可靠的上古文化依据。当然文化本身不可能凭空出现，必然具有延续性。就此来看，已被证明的文化遗存一定反映了尚未能证明的文化存在，或者说上古的文化被深层地包含于我们所能见到的文化当中，以另一种方式显示了它的曾在。

就文化活动的自为性来说，实质上是强调文化活动必须具有主体意识，或者说自我意识。人类只要活着，就一直在活动着。但是如果将所有的人类活动都视为文化则过于泛化，也不合理。人类源自自然，其一部分活动与其他生物活动没有本质区别，或者说不需要人的主体意志的自觉参与。比如在没有人类干预的情况下，人类婴儿的活动与动物的幼仔活动并没有什么特别差异。所以将人类婴儿置于动物群体当中时，两者可以完全接纳。这时人类婴儿的活动就不能视为文化活动。此外大部分情况下，人的生理器官的自在性活动也不能作为文化活动，但是有主体意识参与的生理器官的活动却可能是一种文化。比如人在健康生理状态下，由于个人的喜好而引发的恶心、呕吐、血压升高等生理的非正常的反应性活动，就属于某种心理文化。以人的主体意识参与与否作为衡量标准，机械性活动也应排除于文化之外。比如在机器流水线上长期工作的人所形成的某种机械性的反应活动就不应看成一种文化活动。作为自为的活动，文化活动应包括人的关注、感知和以满足自身内在需要为目的的创制等主体性要素。《康熙字典》对文的解释可归纳为错画、文字、文章、文饰、文理等意思，其中"画""字""饰""理"等都可以看作是对文的具体表象、内容、功能以及特质等的补充说明，其所反映的就是人对造物的关注视角。比如河图洛书、天文地理等作为自然现象，如果没有人的视角去观察感受，则其无所谓美好或不美好，因而也不可能成为文化。只有当人观察、感知到它们，它们身上与人的关注点相关的特质才浮现出来，并成为文化创制的基础。由此可见，文化活动内含着人类的认知过程及其价值建构和判断，必是先有认知活动，再有创造活动。自然自在之现象以其全体的方式存在，而不同人群能够意识并接收到其部分的特质化信息，将其加以转化创制，遂成为服务于该人群需要的文化。这种活动和过程才是文化活动及其过程。也正因为如此，文化活动是因人而异的。

三、文化的关键在变化对象

人类活动不是一种本能驱动，而是一种意义世界的建构。所谓意义就是人类将自身的内在需要投射到其活动所作用的对象上，使之产生与人的内在需要相关联的属人性。这是一种新的性质，是该事物或现象在自在状态下所不具有的，完全是因人而产生的。这种意义性质的赋予根据该事物或现象与人的内在需要相关联的基质而表现出不同的形态。比如水火既具有能够满足人的生活需要的基质，同时也具有威胁人的生存的基质，在这种情况下，水火的意义就是多重的，因而关于水火的文化就可能表现为如何利用前一种基质和如何克制后一种基质等不同形态。当然现实中并不是这样简单地区分，因而文化的表现也不可能一分为二。但是不论什么样的水火文化，其一定表现为人的内在需要与水火这两种自然事物和现象的基质不断磨合而逐渐相互适应。比如古代敬奉河神就是人向水屈服使人适应水的文化；而大禹治水则是人驯服水使之适应人的文化。所以文化不是毫无意义的创造，或者说人类的文化创造从来都不是毫无意义的。在中国古代文献中，"文""化"并用最初的含义是以文化人，也就是说"化"最初的对象是人，而不是外部世界。原因在于对早期人类来说，外部世界是不可抗拒的，因而只能通过调适人自身来适应外部世界，从而达到人

9

与外部世界的和谐。化在甲骨文中为𠤎,《说文》:"教行也,从𠤎人。"而𠤎,《说文》:"变也,从到人。"段注:"到者,今之倒字。人而倒,变𠤎之意也。"可见,𠤎与化古字是通的。𠤎为化提供了核心意义,即变化,特别是人的变化。而以教行释化,突出的是化的方式、手段、途径。段注:"教行于上,则化成于下。……上𠤎之而下从𠤎谓之化。化篆不入人部而入𠤎部者、不主谓𠤎于人者。主谓𠤎人者也。"可见,由𠤎的"到人"到化的教化人,目的都是使人发生根本性(颠倒性)变化,如同脱胎换骨。段注认为,化字的部首归属,表达了化的核心意在于使人变化。但是从《周易》中"文"与"化"各自的内涵来看,化的对象却不应止于人。《康熙字典》中列举了多种意思,主要都是强调有过程的逐渐变化,比如万物生息的过程,与时变化的过程,消化的过程等等。这也说明可化之物遍及宏观与微观、具体与抽象世界。在《周易》中变化是万物的存在模式,而造成变化的推手则是自然之道。《周易》展现了天地自然化育万物生生不息的过程,与此同时又将人推崇至替天行道的神圣位置,强调人之所贵正在于能够通天人之际,模仿、参赞天地化育之功,以其自觉活动使外部世界及自身逐渐发生改变。这种改变既可以是物理形态、化学性质、时空条件等具体方面的改变,也可以是观念意识、心理素质、能力素质、社会关系等抽象方面的改变。而教化作为促成人之改变的活动方式、手段、途径,自然也包含于化的意义当中。

四、文化是人文成就

在中文中,成与就都是已经完成的意思,因此成就代表已经完成的或已经产生明确效果的人类活动。以完成了的时态界定文化,强调文化指向的是一种历史上的既成事实。文化的既成性揭示了文化的两个重要特点,其一,文化是历史的积淀。如前所述,人类的人文活动是无时无刻不在进行的。但是作为人文成就,强调文化的生成需要经历一个历史性的检验和淘汰。我们现在所看到的文化遗存,并不是整个历史过程中全部人文活动的呈现，而是凝结浓缩之后的"样本"。从概率来分析，这些"样本"之所以能够得以保存是因为其反映了人类活动的重要内容，具有为人们普遍重视的价值和意义。而那些昙花一现的小概率事件则基本上湮没不闻了。在此意义上，这个历史性的洗汰过程呈现出"自然"必然性，即文化是朝向人类社会生活"自然"展开的方向，以人的内在需要为线索，在变化对象的过程中披荆斩棘、大浪淘沙的结果。其二，文化不可以随意篡改、抹杀，也不可任意解读。文化是凝固在时光中的人文活动，是人类历史的记忆和表征。作为历史地发生了的人文活动，文化具有客观性，它局限于既定的时空、既定的条件，有自身不可通约的特质。因此既不能用现代标准去衡量古代文化成就，也不能指望不同文化可以完全地相互理解。

综上所述，所谓文化就是人类以满足自身内在需要为目的，历史地变化对象的全部人文活动的最终成就。

第二章　发展之要义

在生活中，人们对于一些经常使用的词汇意思往往想当然，不求甚解。而实际上深究起来，其含义可能超出人们理解的范围。由于知之不深，使用的时候便只取其流行的说法，结果所对应的事项要么根本落实不了，要么实践起来偏离了正确的方向。"发展"就是这样一个词汇。在期刊网上以"发展"作为主题词搜索，跳出来的文章可谓排山倒海。然而大部分文章基本上只是在使用这个词，真正对"发展"一词本身作出学理性解释的文章很难看到。有一篇仅仅以"发展"为标题的文章是2005年刊登在《南大商学评论》第6辑上的美籍奥地利经济学家约瑟夫·A.熊彼特（Joseph Alois Schumpeter）的翻译文章。在这篇文章的第二段，熊彼特就指出需要澄清"发展"这个术语的模糊性。他将有关发展的误解归纳为两个方面，其一是一种观念，即认为"正在发展的实体必须保持其一致性"，在他看来，这种观念"似乎迟早会成为诸多错误成见和误导观念的源泉"；其二是"两个相关概念：崇尚进步和进化论"。他认为，"崇尚进步暗示着对变化的积极评价"，而在科学领域，评价是一种主观的而非科学的因素，因此科学的"发展"研究必须将这种具有主观偏向的成分排除出去。对进化论遭到排斥的原因，他给出了两个理由，一是它"与各种唯物主义或真或假的联系"，而唯物主义作为一种形而上学，是与科学的"发展"研究水火不容的。二是"其一味引用那些在当时曾经极为成功的术语。进化论被随意引用，而且被抬举为一种媒介，其作用就如同鸦片的催眠力。仅这一条就足以作为排斥进化论的理由"①。从熊彼特的这一段澄清中可以看到,"发展"这一词汇在西方也是充满歧义的,并且不同学科之间甚至存在对立的观点。然而我们认为造成"发展"一词理解上出现如此大的分歧的原因恐怕是在西方文化对概念的界定思路上。这种思路正如上文谈到的当代对文化的界定思路一样,所采取的是一种物理式的分剖。即使是如熊彼特批评的评价式的或者哲学式的概念获取方式,也不足以弥补对事物或现象进行原子式的解析(以获得概念)造成的意义的分裂与缺失。当然,正如熊彼特在书中提到的,对事物或现象从具体科学的立场进行概念界定还是有必要的,这种界定有助于对事物或现象从具体面向上开展研究和进行理论建构。

"发展"这一概念被广泛运用到各个领域,从经济学到社会学、人类学、文化学等,其所体现的核心要义就是强调事物或现象处于或呈现与保持现状相反的运动状态或趋势,简单地说就是发生了变化。然而事实上正如熊彼特所批评的崇尚进步的观点一样,一直以来我们认为发展一定是一种积极的变化,这应当是最初的译者在将西方的"development"译为"发展"的时候种下的因缘。这也意味着我们通常讲的"发展"与熊彼特认为的科学立场的"发展"是不一致的。那么,如果撇开各自的立场,有没有一种能够代表事物更为自然状态下的"发展"意蕴的表达呢?或者说有没有一种表现方式能够更好地还原整全意义上的发展现象,给予"发展"一个尽可能全面的界定呢?我们还是认为,选择遵循与上文一样的思路,在中国语境下用描述的方式来直呈"发展"本身可以更好地实现这种期待。

"发展"这个词在中国是晚清以后才出现的,在古代"发"与"展"是分开使用的。从中国语言构词规则来看,"发展"是由"发"与"展"两个表现动作状态的字并构而成,并且我们认为"发"与"展"之间还存在动作形态上或程度上的递进关系。发,本义为矢之射放。《康熙字典》的解释主要包含了射放、起扬、宣泄、行进、开明等等意思。这些

① 〔美〕约瑟夫·A.熊彼特:《发展》,张旽军译,郑江淮校,《南大商学评论》2005年第3期。

解释表现出一些共同倾向，即"发"指向这样一种类型的动作或运动趋势，这种类型的动作或运动趋势往往是由一定点向外、向上、向前等各个方向作萌出、抬升、放射状散开运动，或呈现萌出、抬升、放射状散开的运动趋势。展，本义为转动。《康熙字典》的解释主要包含辗转、开陈、扩张、发挥、诚信等等意思。概括起来，展也表现出一些共同倾向，代表某种类型的动作或运动趋势。与"发"相对照，两种动作或运动趋势均表现出开放延伸的特点；而与"发"不同的是，"展"所具有的转动的本义使得这种动作或运动趋势很明显有自内而外，由蜷而开的整体方向性，即动作主体非一而多，且多主体为一整体共同完成同一趋势上的动作。这样，将"发"与"展"结合起来理解，"发展"就是将多个方向不同的"发"的主体关联为一个整体，使之所发按照一个本质一致的趋势展开，从而呈现出整体推进的运动和状态。以下具体说明发展的本质特征。

一、发展的趋势性

如上所述，发展是将不同方向的"发"纳入整体趋势的"展"。这种"发"的方向性与"展"的趋势性是有区别的。如下图所示。

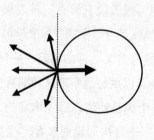

如果我们将圆想象成一个中空的实体，那么从其表面某一点进行刺激，可以有不同方向的"发"，其中粗箭头代表向实体内部的"发"。这时从趋势来看，多个细箭头方向是一种趋势，而粗箭头方向则是相反的或者说不同的趋势。当我们考查这个刺激造成的实体的发展时，就必须用细箭头的总趋势抵消掉粗箭头的趋势之后的整体趋势作为发展的实际状况。所以理解发展的趋势性，一方面要立体，另一方面要整体。所谓立体是指发展并不等于将不同的个体方向绝对整齐划一，使其合异为同或殊途同归。发展能够包容个体其他多样性特征，比如个体运动的快慢、先后、形式（比如直线型、螺旋型等等），甚至是路径偏差等等。所谓整体是指发展代表的是事物或现象整体最终呈现的趋势，这种整体的趋势是各个方向的"发"力相互牵制抵消之后呈现出来的明显大势。以《周易》卦象为例。八卦是三画卦，无法在爻象上呈现阴阳平衡态，因此八卦体系反映的是自然世界始终变动不居的现实本质；而六十四卦是六画卦，可以表现阴阳的平衡。因此六十四卦体系则是一个可以用于推衍的理论框架。从卦象来看。由纯阴纯阳的乾坤出发，阴阳力量不断消长，有时阴盛阳衰，有时阳盛阴衰，有时达到短暂而相对的阴阳平衡。这种阴阳关系造成的卦象的明显变化所体现的就是我们所说的发展的趋势性。

二、发展的整体性

任何事物或现象都内在地包含着一与多的关系。一表现整体性，多表现多样性。事物或现象都是一与多的统一。以多来看，任何事物或现象在某个层面上都可以分解为多。这种多既可能是指该事物或现象内部结构的复杂性，也可能是指该事物形态或现象性质的多样性。而不论是哪一类多，多之间的关系都不外乎两种，一是各有其运动方向或存在意义（所"发"），二是相互牵扯和制约。正是多之间的这种关系才成就了一。从一来看，多之间的若即若离代表着某种有条件的共同"诉求"①的存在。我们同样可以用《周易》中的阴与阳的关系来说明。所谓独阳不生，独阴不长，意思就是阴阳不具有现实性，而只具有理论分析的意义，即阴阳是为了解析物之统一性的现实存在而存在的，离开了物这个一，就无所谓阴阳之分。而从阴阳之分

---

① 这里的诉求是一个拟人表达，意思是各个"多"所具有的一种内在力或者说性质，这种力或性质具有某种类似于人的意志的倾向性。

来看,阴阳的运动始终存在一个共同"诉求",即统一于物,或者说只有统一于物,阴阳才成就了其本身的存在意义。所以物的发展不等于阴阳的发展,阴阳结合成一整体,并通过整体实现共同趋向的运动,使物呈现某种发展的趋势。此即我们所谓的发展,即整体所承载的各构成要素或多样性质的共同"诉求"的实现。一花独放不是春,百花齐放春满园。正是百花"欲"放这一共同"诉求"构成了春的整体内涵,此内涵标志着气候由冬向春的发展。因此,任何事物的发展都不能理解为某一要素或方面的单一突破,而一定是整体的迁进。在现实中我们常常将事物或现象某一因素的变化确定为事物是否发展的根据,但是这并不是意味着事物或现象的发展可以归结为其某一因素的变化,而只代表这样一种认识,即某一因素的变化会引起该事物或现象内在其他因素的变化,或者这一因素的变化本身就是由事物或现象内在的其他因素共同作用的结果。发展的整体性意味着事物或现象的局部变化只有在引发了其整体变化的情况下,才能谓之发展。仅仅是局部个别因素无关紧要的变化不能解读为整体发展。就此而言,发展的整体性特征使我们在辨别变化与发展的差异时有了一定的参考指标。

三、发展的条件性

发展反映的是事物或现象的运动情状,而就人类认知所及,任何事物的运动都需要有动因——即使是宇宙,物理学家们也一直在找寻使之生成的第一动因。这个动因就是条件。推动事物或现象发展的条件有两种,一种是事物或现象的外部条件,一种是其内部的条件。外部条件包括两个大类,一是"自然"条件,二是人类(或神秘力量)作为。"自然"条件是指事物合理发展所必须具备的条件。比如生命必须具备必要的营养、光照(温度)、水分等条件才能生长、发展,人类社会的"自然"性也包括在内。比如文字、道德、法律、制度等都必须具备一定的社会"自然"条件才能产生和发展。"自然"条件强调的是非

有意为之，即不受主观操控、因事物自身的内在必然性而形成的自然
而然的效果。而人类或神秘力量的作为则是强调一种主动性的意志干
预和活动影响。比如有神宗教中描述的神创世界、神迹等；人类对自
然生命进程的干预，对生产工具的改进等。当然这种区分是为了方便
理论分析的，实际情况是在人存在的前提下，任何自然而然的都不是
完全的，都有某种人为或神为的意志干预和活动影响，或者说整个世
界就是在人与自然和社会的互动中形成的。因此不存在超然于人的意
志之外的纯粹自然而然。况且人本身也是自然之子。现代科学特别是
量子力学已经证明，整个宇宙内的所有存在物之间都以某种方式互相
关联着，从哲学的角度来看，这种或深或浅、或紧密或疏远的关联都
是彼此是其所是以及发展的动因之一。内部条件主要是指内部构成要
素或各种性状之间的关系，包括结构关系、作用关系等。不同要素或
性状的结构格局、相互之间的作用机制往往直接影响着事物或现象的
根本性质。而事物或现象的根本性质就是使其整体呈现出某种状态或
趋势的最基本的根据，它是我们用以判断发展的最典型指标。当根本
性质发生改变时，事物或现象一定是发展了的。我们可以以一个众所
周知的例子来理解发展的条件性。

　　石墨与金刚石，从构成要素来看，二者都是碳单质，化学式都是
C，但是由于其内部碳原子排列及结合的性状不同：石墨是平面层级
排列，且一个碳原子与3个碳原子相连，层与层之间联系力薄弱；而
金刚石是立体骨架型排列，一个碳原子周围有4个碳原子相连，各方
向上的联系力均衡，其结果金刚石成为目前所知最硬的物质，而石墨
则是最软的物质之一。二者的其他物理性质也不相同，比如石墨的熔
点要高于金刚石的熔点。因此人们称它们为同素异形体。但是如果结
合外部条件，比如通过提高温度、增大压力、增加催化剂等方式改变
石墨内部碳元素排列的结构和性状，它就有可能"变成"金刚石。由
此可见，事物或现象的根本性质是其存在的基础，通过外部条件的改
变诱发内部条件的改变，就可能使事物或现象的根本性质发生整体变
化，从而实现发展。

四、发展的不稳定性

发展意味着变化,变化意味着不稳定。性质保持绝对稳定就等于不发展,比如基督教的上帝。上帝的全知全能和无限完美的稳定性使其不存在发展的问题。严格来看,现实中的事物或现象没有绝对稳定的,都处于不稳定的发展状态。所以发展是无时无处不在发生着的。发展的不稳定性是由于其条件性造成的。引起发展的内外条件的变化具有不确定性。一方面,"自然"条件的变化不以人的意志为转移,同时人的意志及其活动本身也是不断变化的;另一方面,事物内部的各种因素及其之间的相互牵制有一个力量消长的过程,而外部条件的影响会使这种力量消长变得更为复杂。

发展的不稳定性表现为发展趋势的不确定以及发展形态表征的差异。如前所述,发展的整体趋势取决于其内在各种因素的运动及其相互之间形成的力量牵制关系。当各方在力量的较量中形成明显的强势与弱势之分时,整体的发展就表现为由强势力量所主导的大趋势,这是一种常规的发展;而当各主要力量处于相互抗衡状态时,发展作为事物或现象的必然要求就会与暂时的平衡稳定相矛盾,事物或现象为谋求自身发展就可能寻找某一特殊的非主要因素。这一非主要因素则因其非此非彼的立场,而能够跳出对抗和平衡,以其运动带动并主导整体的发展。这时整体发展的趋势呈现出跳跃性。这种情况类似于我们说的"鹬蚌相争,渔翁得利"。

发展是事物或现象以某种趋势呈现的整体迁进和拓展,其形态表征因发展主体的个性化而呈现为由趋势性、整体性、条件性和不稳定性等构成的有差异的综合态。生命的萌发成长,事物性质的改变是发展,事物或现象在时空维度的积累与跃迁、生态系统的优化或恶化也是发展;知识的增长、工艺的精进、社会制度的更迭、社会结构的调整是发展,智慧发蒙、观念革新、德性圆融、事业扩张也是发展。发展可以是能够量化的改变,也可能是无法量化的改变;可能是平缓的渐进改变，也可能是急剧的突变。在这里还有一类形态表征需要注意。这就是某种看起来不为人们所接受的"异象"。

研究和评价事物或现象的发展是人类的专利。发展就其客观性来说，并不会按照人当下能够接受的价值标准去呈现；但人的作为是事物或现象发展的重要条件，因此通常我们谈到发展总是将其置于人类的价值立场之上，而排除那些可能威胁到人类生存和发展的事物或现象的发展性运动。这样造成了我们对发展的认知必然存在某种局限。研究人类历史可以发现，一些从道德意义上被视为恶的事物或现象，亦即"异象"的产生往往却以奇妙的方式推动了人类其他方面乃至整体的发展。比如刑具是以伤害人的肉体、尊严，甚至取消人的生命为目的而被设计出来的。但是研究发现恰恰在刑具的设计与建造中，人们了解了力的物理性质并学会了对其加以控制，在此基础上产生了一系列能够应用于并方便人们日常生活，甚至推动人类文明进步的发明创造。[1] 相反，人们对某些当下认为有益于人类的事物或现象，积极推动其发展，却未必能够给人类带来真正的和平与安宁，例如克隆研究。关于生物克隆可能引发的伦理困境，不仅在学术界，学者们从专业层面进行了深入的理论探讨，甚至是文艺界，也通过各种方式，比如小说或影视作品进行了反思。就此而论，我们或许应当对于事物或现象所呈现的形态表征给予更多的宽容和耐心，不断审视、反思和调整我们对发展的价值立场、观念和行动，避免因过多的人为干预而导致影响整体长远的发展质量。

此外，抽象地讨论发展的不确定性，还必须看到在不同发展主体形态表征的差异中存在一个共性，即"出新"。所谓"出新"就是指不论事物或现象的发展以何种形态表现出来，都必然产生了某种原本不属于该事物或现象的"新质"。这种"新质"当然也是不确定的，它可能是实体性的，也可能是抽象的；是条理的，或者是价值的、感受的等等。但是这一"出新"标志着当下之物与原来之物的差异，这种差异

---

① 参看中央电视台纪实频道《探索》栏目2010年11月1日—3日纪录片《索命刑具》。

的出现本身就是变化,并且是发展性的变化,也就是说发展是一种产生了新质的变化。《周易》是讲变化的,在卦爻象中有数量的变化,有结构的变化,有爻性的变化,每一类变化都会形成一个新的个体。如果分散来看,每一个体相对于另一个体都是"出新"的,而如果按照一定的次序排列,那么"出新"就呈现出一个规则递进的连续的变化过程。《周易·序卦传》就是这样产生的。所以,"在最深远的意义上,新奇性是任何不确定事物的真正内核。新事物总是与广阔范围中的环境和过程共存;原则上,这些环境与过程是确定的"①。也就是说在一定的时空范围内——这个时空范围本身就体现着条件性,比如六十四卦所构成的一个周期内,"出新"体现为一个持续变化的趋势。这种有趋势的变化就是我们所说的发展。

综上所述,我们认为,发展就是在一定的时空区间及其所构成的条件下,事物或现象以新质的产生为标志而呈现出的整体迁进和拓展的趋势。

---

① [美]约瑟夫·A.熊彼特:《发展》,张吨军译,郑江淮校,《南大商学评论》2005年第3期。

第三章　文化发展之要义

　　如前所述，作为人类活动信息的遗存，文化几乎可以说是与人共生的。人类存在与发展的历史就是通过文化来表征和书写的。因此，对于文化及其发展的研究实际上根源于人类对自身来自何处与将往何方的好奇，以及对当下的合理或不合理的论证。在文化概念尚未明确提出之前，文化的各种表现形态一直活跃地发展着，具体领域的理论思考也不断深入。比如中国古代春秋时期就产生了许多对三代社会生活的回忆和阐述，出现了有关社会的道德、军事、政治、农业、礼仪、文学、艺术、天文、地理、风俗等各方面的"专业"书籍。在西方同样发展了文化的各种具体面向，比如历史、政治、思想、文学、戏剧等。但是将文化及其发展作为一个专门的理论研究方向，着重探讨人类及其社会生活方方面面的文化形态的产生、发展，比较和分析各个不同文明条件下的人类文化异同等等，则是19世纪80年代以来由西方人类学的学者们率先开启的。人类学有体质人类学与文化人类学两个分支。文化人类学稍晚于体质人类学形成，其主要偏向于从文化的角度展开研究，即"从物质生产、社会结构、人群组织、风俗习惯、宗教信仰等各个方面，研究整个人类文化的起源、成长、变迁和进化的过程，并且比较各民族、各部族、各国家、各地区、各社团的文化的相同之点和相异之点，借以发现文化的普遍性以及个别的文化模式，从而总结出社会发展的一般规律和特殊规律"①。20世纪以来，文化人类学迅速发展，形成了许多不同的研究进路、研究立场和研究方法，在内容上则广泛涉及人类及其文化创造的诸多领域。这里并不打算对文化人类学研究现状进行述评，而是希望通过借鉴他们的研究成果来揭示何谓文化发展。

根据我们对文化与发展的界定和描述，所谓文化发展就是指包括人及其创造性活动和活动成果在内的全部文化要素在一定时空区间及其所构成的条件下，以新的文化要素的产生为标志而呈现出的整体迁进和拓展的趋势。因而，文化发展至少应包含四个方面，一是人的发展；二是人的自觉的、创造性的实践活动的发展；三是人的活动所产生的成果的发展；四是各要素的协同发展。

美国人类学家基辛（R.Keesing）在其《当代文化人类学》一书中这样解读人类与文化："人类是动物但也是转化了的生命。文化中的意义和习尚是人类根据其生物性的基础创造出来的，可以有无穷的变异，也可以有不断的修正。世界并不是原生既有的样子，而是经过人类自己刻意创造的。他们的世界里布满了看不到的鬼神和各种约束的力量，人类相信自己所创造并不断改变的规则、习尚、意义等是永远正确的。"② 从这一段话中，可以提取到能够与我们关于文化发展的界定相印证的几个重要线索。第一，人类是一种"转化了的生命"，这是人类超越自身固有的动物生命而获得发展的表现。第二，文化是人类以自身需要为依据创造出来的，因此变异与修正是文化发展的表征，这种发展是以人的（需要）发展为基础的。第三，现实世界就是人类主导的文化发展的成果。第四，文化世界是人类为自己度身定制的合理世界，文化发展在本质上就是人类对自身存在与发展之合理性的认识的发展。以下我们将这四条线索与文化发展的四个方面对应起来加以分析。

---

① 童恩正：《人类与文化》，重庆出版社 1998 年版，第 11 页。
② ［美］基辛：《当代文化人类学》，陈其南校订，于嘉云、张恭启译，台湾巨流图书公司 1980 年版，第 10 页。

一、人的发展是文化发展的前提

人是文化的创造者。没有人的发展就不可能有文化的发展。因此人的发展是文化发展的题中应有之意。人类学对人的研究的优势在于能够兼从生态系统和社会系统来考察。在人类学家看来，人类以其生物机体为基础成为文化创造的现实主体，同时又被自身创造的文化所塑造而作为文化的产物存在。这种集文化性与生物性为一体，并通过文化创造活动实现二者的互动互补正是人类的特质和人类发展的动因。人类学家对人类的这种分析具有合理性和全面性。从这一认识出发，我们可以将人的发展概括为生理素质的发展、文化素质的发展和两种素质的互动发展三个层次。从理论上说，人的生命的延长、体质的改善、运动机能的增强、健康状况的提升等可以归于生理素质的发展；而人的知识的扩充，思维、表达和处事能力的提高，德性的增进，人格的完善，智慧的增长等则归于文化素质的发展。但在实际中，生理素质与文化素质都不可能彼此脱离，单独完成自身的发展。现代科学已经不断证明，人的生理素质的发展会受到人的文化素质的影响。将人置于不同文化背景下，或者个体的文化修为不同，人的生理表现就会出现差异。比如，一个从小在西方社会长大的华人，尽管其生理素质方面会遗传亚洲特别是中国人的基本特点，但是由于从小生活于不同文化环境，包括饮食、运动、作息等等，其生理素质在发展过程中就会表现出与在本土生长的中国人的不同。而长期按照道家或佛教的饮食要求生活的人，与普通人在生理方面同样会形成差异。再如，《大学》中讲德润身、心广体胖；现代医疗中由心理问题导致身体问题的案例非常常见。诸如此类。同样，不同的生理素质也会对人的文化素质的形成产生影响。比如人类文化素质的发展具有生理阶段性特征，在婴幼儿阶段、青少年阶段、成年阶段、老年阶段，文化素质所能达到的程度及其表现有明显差异。而人的生理素质的破坏或增强会直接导致其文化素质的变化。比如在现代医学技术的帮助下，部分耳聪患者能够获得医治，从而扩大了其文化素质发展的可能。诸如此类。因此，人类的生理素质与文化素质不仅保持自身的发展规律性，而且始终处于相互牵制或互补的动态生成过程。人的发展是生理素质与文化素质的互动发展的事实从一个侧面确证了发展的整体性观点。从古至今、从东到西，所有已知的伟大文明都思考过人的身心发展问题。事实上，不论偏重或放弃哪个方面，都会产生不健全的人，而不健全的人不可能创造出健康的文化。

人的发展在根本上决定着文化的发展。人的发展不是一种纯粹的自然现象。自然界其他生命的发展遵循着自然的规律，其发展过程极其缓慢，因为该生命并不能自主地加快或延迟这一进程。而人类不同。自有考古记录的人类活动迄今，不过几百万年；真正摆脱原始状态进入文明状态的人类历史则不过几千年。但是这个过程却呈现出前慢后快的加速发展的特征。进入文明状态的几千年来，人类创造的文化较之之前几百万年创造的文化总和还要庞大得多、深刻得多。越是晚近以来，文化的涌流越是明显。究其原因，就在于人的发展。一方面，在人类出现的这几百万年特别是近几千年中，人的身心素质及其活动力得到了深入发展。人类对自身与外部世界的认知越来越深入，能够涉足的领域也越来越广泛，从而文化创造活动及其成果也越来越丰富。另一方面，人的发展整体性不断加强。人类历史越是向前追溯，就越呈现出个体主义的特点。在人类早期，个体的发展更多依赖于先天自然的决定，从而先知先觉者与后知后觉者自然分化出来。这时的文化虽然不能埋没众人的贡献，但是总体来说，其更取决于先知先觉者个体性的创造性活动。正因为如此，在各个文明的早期，领袖、英雄、圣人的事迹相对于普通人的生活事件更能以文化的方式被记录下来，而社会文明、文化的发展则似乎是通过他们的言传身教才得以开启和发展起来的。随着人类社会生活水平和质量的不断提高，个体的身心发展有了更多空间。与此同时，通过参与实践活动，越来越多的后知后觉者获得了精神的成长。这样，人的发展就在整体性上得到了加强。即使精英依然存在，但是其不再表现为某一个体，而是扩大

24

为某一群体、某一阶层。晚近以来，精英群体或阶层的边界更为模糊，文化创造越来越成为大众的事，而人的发展也更加深刻地决定了文化的发展。

二、人类活动的发展是文化发展的动因

人类只有通过活动才能创造文化，才能使自身成为文化的一部分，因此人类活动是文化发展的动力源泉。那么人的活动是如何发生的呢？作为有生命的个体，在肉体层面，人的生命活动是人存在的基本表征。但这种生理意义上的生命活动与其他生物的生命活动在本质上没有太大区别，即同样要遵循自然必然性的规定。[①] 而如果从心理层面来分析，人的一切活动，包括生命活动和社会活动都是由人的内在需要决定的。作为生物性与文化性相统一的存在，人类既有延续生命的生存性需要，又有追寻意义的价值性需要。[②] 同样这两种需要也不是各自独立发展的，而是彼此胶着，互相塑造。比如人有进食的需要，这种需要主要是生存性需要，但是人的生存性需要与其他生物的生存性需要是不一样的，它不是完全的自然过程。动物的进食需要是有止境的，这个止境由本能决定，所以我们可以看到大多数动物一旦得到量的满足就不再进食；而人的进食需要却可以是无止境的。这种无止境并不是指食物的量，此处说的人能够无止境地进食，是指人类的进食需要已经发展出更多的面向，比如食物的色、香、味、种类，以及进食的礼仪、规制等等都会影响到人的食欲，即进食的内在需要。所以既有食不厌精，也有不食嗟来之食的说法。也就是说人类已经不

---

① 当然现代科学技术的发展在一定程度上改变了人类的生命活动，但是这种改变不过是在自然必然性的基础上对造成必然性的内在机制进行调整。因此，严格来说，这种改变只能证明上文所说的人的文化素质的发展能够对自身生理素质的发展产生影响。

② 马斯洛（Abraham Harold Maslow）的需要层次理论实际上是将人的这两种内在需要进行了细分，其中的生理需要与安全需要基本上可以划归为生存需要，而其余的三种需要：爱与归属感、尊重、自我实现都属于价值需要。当然其需要层次理论主要是强调五种需要在人的发展过程中的阶段性生成和激励意义。

仅仅在生理性饥饿的驱使下进食，价值性需要在很大程度上主导了生存性需要，从而使进食变成了一种文化创造活动，使之产生了人文意义。反过来看，生存性需要对价值性需要也具有"侵蚀"力。其主要表现是生存性需要会对价值性需要形成规制。生存性需要是价值性需要得以生长的原始内核，因此这一内核的质量在一定程度上决定了其价值性需要能够成长的空间和基本趋势。由弗洛伊德开创的现代心理学研究表明，生存性需要在很大程度上反映了人的本能的潜在欲望，对人的现实观念和行为具有重要的指示性意义。比如人类幼年时期各种价值性需要是通过生存性需要建立起来的。一个从小被抛弃、丧失生存质量的孩子，其价值性需要有很大可能发生扭曲，产生对他人和社会的戒备敌意，其反社会行为发生的可能性也较正常孩子更大。生存性需要对价值性需要形成规制的另一种表现是矫正。价值性需要源于人类对事物或现象的意义建构，这种意义建构具有主观性和抽象性。主观性的缺陷是片面，抽象性的缺陷是脱离实际。而作为一种现实的客观需要，生存性需要对主观和抽象的价值性需要具有明显的矫正作用。比如自由是一种价值性需要，但是绝对的自由是不存在的，个体的生存必须依赖于自然和社会提供满足其生存所必需的资源，因此从生存性需要的现实出发就能够形成对自由这种价值性需要的合理性认知，从而引导和规范人们追求自由的行动。

人的内在需要是人类活动的引擎。人的内在需要作为驱动力和指挥棒对人类活动起着决定性作用。作为驱动力，人们为了满足生存性需要而进行生产性活动，为了满足价值性需要而从事建构性活动；作为指挥棒，人们根据生存性需要与价值性需要不断调整生产性活动和建构性活动的内容和形式、方式和方法、手段和途径。而作为生物性与文化性的"复合物"，人的内在需要因其生存的自然和社会环境的差异具有个性化特征，由此也影响到人类活动的具体表现。例如不同自然环境条件下，人们能够用来满足生存性需要的条件是有限的。为了生存和发展，人类只能尽可能地适应环境，因而也只能因地制宜、就地取材，创造性地开展活动。比如在住的方面，处于丛林密集的山区，为了避免湿热和毒虫的伤害，人们会将房屋建造于高处，或悬空。如吊脚楼；而在比较干燥、可用于建筑房屋的植物性材料缺乏的地方，人们则大多选择泥土、石块，如窑洞。再如吃的方面，中国国土面积广大，地理环境和条件复杂，因此南北东西的人们在饮食方面的差异还是非常明显的，主要原因一是由于环境决定的能够用于食用的动植物不同，二是由于气候造成了人们身体需要不同。如两广湿热较重，人们对于食物清热解毒的功能十分重视。而在四川盆地同样是湿度较大，人们就通过花椒等芳香植物来祛除体内湿气。诸如此类。此外，人的内在需要与人的活动是相互影响、动态发展的。随着人类活动领域的不断扩大和活动程度的不断加深，人的内在需要会不断发展；而人的内在需要的发展又反过来进一步推动人类活动的进步。比如，随着食物种类及数量的增加，为了长期保存以平衡季节差，人们在食品的制作加工方面必然有所尝试；随着居住条件的改善，人们会在建筑审美方面有更多要求，从而推动建筑活动在工艺、风格、科技水平等方面有更多创新；随着技术进步和材料的丰富，人们在服装服饰的制作方面会兼顾使用感受、环保性能。诸如此类。在《周易·系辞传下》中对远古时期的人文活动及其文化性的发展有着生动的记录。而在西方文化人类学的许多著作中也展现了原始人类人文活动及其文化发展的历程。所有这些大都已经从考古发现得到印证。

　　总之，在满足自身需要的过程中，人类活动也不断调整和修正从而获得发展，并最终作为文化的具体形态被保存下来。

三、人类活动成果的发展是文化发展的线索

　　如前所述，文化在本质上就是人化，文化发展就是人化的过程。在这个过程当中人类自身及其外部世界都在人类活动的作用下发生人性化的改变，即被赋予其本身在自然自在状态下所没有的意义和价值。历史就是一个被赋予了意义的时空概念。在这一"人造"时空中，任何进入人类视野的事物或现象从其本质上讲都被人化了，因为其始

27

终被置于人类活动的作用下：首先，它被人类意识到其存在或不存在或尚未可知；其次，被人类意识进一步加工处理成可以被描述和思考的信息；再次，成为人类具体的实践活动的对象；最后，被改造成某种文化成果。随着人类活动领域的不断拓展，活动程度的不断推进，更多的事物或现象被纳入到历史当中，成为文化的一部分；同时，人类活动创造的无数的文化成果也在历史中完成其新陈代谢、沉淀积累和"遗传变异"，凝结成后人所能感知的具体文化形态。所以那些作为历史遗存保留下来的文化成果，在某种意义上都是其之前或当时人类活动及其所创造的文化成果的集中体现。

以人类活动划分为生产性活动和建构性活动来看，生产性活动创造的文化成果主要用来满足人类的即身性需要。① 所谓即身性需要，是指个体实现生存或发展所必需的耗费。比如人类要维持生命，就必须摄入热量、营养，为此人们必须从事食物生产活动；而如果要在维持生命的基础上进一步提高生活质量，就必须接受教育，发展精神，为此人们必须从事精神生产活动。这种即身性需要是极其个性化的，每一个体对自身生存或发展的要求都有差异，因此人类必须广泛深入地拓展生产性活动的面向和层次，创造不同的成果以满足人们的不同需要。人类的即身性需要与人类活动所产生的成果之间是一种互动性关系。成果在满足需要的同时，会进一步刺激需要产生；而需要的产生又会驱动人类活动的发展，从而产生更多的成果。所以我们可以看到用以满足人们即身性需要的文化成果，即具有消费性质的文化成果占据着文化的绝大部分体量。

建构性活动创造的文化成果主要用来满足人们的关系性需要。所谓关系性需要，是指他者是个体生存与发展的必要条件。人类从来就不是孤独的，不论是在自然界还是人类社会，人都与他者共存，并且

---

① 这里的即身性需要与上文的生存性需要不是在一个层面。下文的关系性需要与上文的价值性需要也不是在一个层面。人的内在需要可以从不同层面进行划分，即身性需要与关系性需要是从个体与他者的关系层面来划分的，而生存性需要与价值性需要是从个体本身来划分的。

以共存作为其生存与发展的前提。这是人类之共性。然而他者存在的必然性，不仅意味着不可分割的亲密关系，也意味着不可回避的矛盾关系。亲密关系与矛盾关系相对于人的存在与发展来说，并不简单地意味着积极与消极。亲密关系也可能带来伤害，而矛盾关系则可能带来成长。所以如何保障个体与他者之间关系的质量水平与人的需要呈正相关关系一直是人类思考的重大问题。由于建构性活动致力于将人类联结成一个整体，因此这类理论探索和实践活动所产生的文化成果较之满足人类个体的即身性需要的文化成果更为复杂和深刻，并且能够对生产性活动及其成果的发展产生巨大的影响。人类历史上那些伟大的思想及其现实形态往往都诞生于这类活动中。而这类活动作为一种宏观建构，其成果也成为人类文化发展的鲜明标志。正如《伟大的思想：塑造人类文明的力量》一书的"译者序"中所说的那样，"伟大的思想……形成了一条像山脉一样的链索，把世世代代的人们联系在一起"[1]。

自古以来，人类个性化的即身性需要与社会化的关系性需要始终处于充满张力的状态。一方面，即身性需要是关系性需要的基础，对关系性需要具有决定性影响；另一方面，关系性需要调节着即身性需要，使即身性需要维持在一个适度范围。从某种意义上看，人类不断探索创造文化，其目的也不外是寻求建立一种更为合理的关系结构和互动模式，以平衡人们的关系性需要与即身性需要。正是在这样一个文化探索与创造的过程中，人类文明不断向前推进。

四、文化发展的目标是建构合理的文化世界

运动是一切已知事物的存在方式，而人文活动是人的存在方式。从主观上讲，人文活动源于对人类自身内在需要的满足；但从客观上讲，人文活动使人类自身及其外部世界得以重构，并以文化的方式契

---

[1] ［美］汉默顿：《伟大的思想：塑造人类文明的力量》译者序，罗卫平译，贵州人民出版社 2004 年版。

合为一个新的共同体——文化世界。在这个文化共同体的世界里，各个构成要素都被安置于某种意义结构当中，赋予了与人类亲疏不同的关系定位，并按照人类所能理解的方式运动和互动，按照人类认知发展的程度不断更新其存在形态。在这个意义上可以说，我们所身处的文化世界其实是我们为自己度身定制的合理世界，它被期待能够满足人类的不同需要和满足不同人类的需要。

那么怎样才是一个对于人类来说合理的世界呢？很明显，要回答这一问题首先必须建立对人类自身的认知。如前所述，人的发展是文化发展的首要方面。人与文化的关系表现为创造与塑造的关系。人创造文化，而文化塑造人。这两个过程几乎是同步交叉进行的。人类在创造文化的过程中不断发掘自身的潜质，推动自身的发展。《大学》中有"苟日新，日日新，又日新"一说，这个"新"所体现的就是人的不断发展，而推动这一发展的就是文化，即文化塑造了人，使人不断成为"新"人。而在"新"人持续生成的间隙，新的文化也被不断创造出来。正是在人与文化的这种相互生成和协同发展的过程中，人对自身的认知不断深入，这种深入一方面表现为加强向内的精神活动深入探索和发现自身内在需要，另一方面表现为加强向外的实践活动深入探索和发现自身潜力。由此人类自身的画像也越来越丰满。

其次是建立"合理"的观念。合理是一个动宾结构的语词。合于理之谓合理。合就是相对应、相符合。那么什么是理？理说得深刻一些抽象一些，是事物运动变化的客观规律、机制；说得浅显一点具体一点，则是这种客观规律、机制在现实各个领域的落实。理的这种区分就是宋儒所说的"理一分殊"。而我们讲事物也好、世界也好，在本质上都是被人纳入文化范围的再造物，而这种再造从根本上说是以满足人类自身内在需要为目的的。所以，所谓合理不过是人类通过对自身内在需要与实现需要的潜力进行对应性评价所得出的判断。这种对应性评价就是在人的内在需要与人实现需要的潜力之间建立对应关系。当自身的内在需要超出人的力所能及时，或者当自身的潜力无法得到施展时，世界就是不合理的。反之，当自身的内在需要与自身的潜力形成积极的对应关系时，世界就是合理的。如前所述，在文化的塑造作用下，人的内在需要与潜力是不断发展的，与此同时，人类对自身的认知（文化）也是不断深入，因此合理只会是一种短暂的相对的状态，世界总是处于由不合理向合理不断迁进的状态。

最后，量身定制合理世界。作为"人造物"，文化世界是人类活动的自然结果。文化世界本身并不是某种人类活动的目标，不是先有一个文化世界的模子在那里，然后人们为了建成它而去进行人文活动；文化世界是伴随人类进行人文活动而不断生成的开放性存在。所以，文化世界是人类活动的结果而不是原因。但是建立合理的文化世界却是人类活动的目标。人类建构的文化世界并不是一堆无生命的死物，而是一个人类之间以人的向内的精神活动与向外的实践活动为桥梁不断互动的活物。这个互动的过程大致是这样的：人类以实践活动创造着文化世界，而文化世界则以其生成的状态回应人的内在需要；人类以精神活动感知文化世界与内在需要之间的差距，这种落差驱使人类进一步挖掘自身潜力创造性地开展实践活动，推动文化世界的发展，缩小其与人的内在需要之间的差距；文化世界的新进展使人的内在需要获得了合理满足，人发展为"新"人，并产生新的需要。人及其所建构的文化世界便在这样的协同互动中循环往复、持续发展。

中编　传统的历史性与开放性

第四章　传统与文化

一、传统的界定

"传统"这个词基本上被人们习惯性地不假思索地使用，以表达一种与当下和未来的时间论域相区别的过去存在的文化性质的东西。客观地讲，这种理解将认识传统的两个主要维度提取出来了，一个是时间维度，一个是人文维度。在时间维度上，传统毫无疑义是一个历史范畴。它是人们在其社会生活的历史过程中积累而形成的某种相对稳定的思维或行为模式。在人文维度上，传统也毫无疑义是一个文化范畴。如序论中所论证的，文化是人类变化对象的人文活动及其成就。而传统则是从人文活动及其成就中抽象出来的具有根本性的东西。"所谓传统，在中国的古典含义就是历代相传，至今不绝的某种根本性东西。"① 因此传统可以说是文化的精华。但是仅仅这样两个方面还不足以勾画出传统的完整轮廓，特别是难以把握传统的本质特征。

其一，空间维度也是认识传统必不可少的维度。传统不是一个统而概之的普世性的文化现象。文化本身是有鲜明的地域性的，作为文化精华的传统，其地域性只会更加明确。同时，空间在这里还具有一种抽象的意义，比如社会结构中的阶层、组织或部门、关系共同体等

---

① 　朱维铮：《传统文化与文化传统》，《复旦学报》(社会科学版)1987 年第 1 期。

有边界性的人群集合。因此,在空间维度上,传统指向在特定地区、特定人群中发生的文化现象。

其二,半流动性是传统的本质特征。所谓半流动性是指传统既有相对的稳定性,同时也具有与时俱进、顺势而变的内在品质。传统虽然来自过去、来自历史积淀,但并非是凝固于时光中的具体的文化造型,而是于这些文化造型中一以贯之的内在机理。一以贯之能够传神地体现传统这个词在中国文化语境当中的意义。

传统由"传"与"统"两个动作构成。传,动词用法在古文中同"转"。康熙字典的解释主要的是转换、转移、转返、传播(授、续、布。见《正韵》)、传递承接(为报信或赶路而布置的车马接续)等意思。可见传统之"传"本身既包含了流动变换、前后相接的意思,又同时存在回归与扩散两种方向的运动趋势。再看统。"'统'的本义,是缫丝时从众多蚕茧抽出的头绪所打的结,抓住它便可顺利缫出一束丝。衍化开去,凡涵义相似的概念都可称为统。"① 康熙字典将其释为绪、纪、经、始、本、领等义。显然,"统"的本义是名词性的,作为动词使用表达的是以统为本、由统而始,理顺、框范、引领、驾驭事物的意思。当然也可以对其进行反向理解,即众绪、万类归一。所以,"形容万有总束于一个根本,称一统;形容君主嫡系或总规律总宪章世代相承不绝,称王统、道统、法统;形容某一君主世系是'天命'的唯一寄托,便是正统,反之是闰统、伪统。"② 那么传统合在一起,就是万传(转)归于一统,或据一统而传(转)万。在这里,"传"体现的是流动性,"统"则体现了相对稳定性。从文化意义上说也就是,不论文化的形式如何转变、内容如何传承,只要维系于某一共同的根本的东西,这个东西就是传统;反过来,不论现实条件如何变化,只要坚持从这一共同的根本的东西出发,都可以产生出与任何时代相适应的文化形态、文化内容。我们将传统的这种含义以图像的形式表达如下:

---

① 朱维铮:《传统文化与文化传统》,《复旦学报》(社会科学版)1987 年第 1 期。
② 同上。

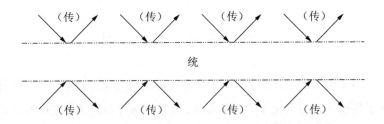

这个图像希望表达两层意义，一方面，统是一以贯之的长河，它由各种不同面向、层次的文化形态汇入积淀而形成，并因之而保持流动的活性；另一方面，不同时期，由统出发能转换出各种不同面向、层次的文化形态，以适应不同的现实需要。这个过程随时间推移循环往复、迁延不断。虚线代表传统的开放性，实线箭头代表具体的现实的文化形态及其转变的倾向。

事实上，文化的历史生成性决定了人类永远无法完整地还原其全部信息。但这不能阻碍人类理解自身的文化渊源。对人类来说，这终究是一个为其所主导而历史地生成的文化世界，因此不同文化背景的人们都能够凭借遗存的文化信息回溯祖先一路走来的文化历程。由此，我们将传统界定为：特定人群在历史性的人文活动中凝练而成的具有多样统一性和开放流变性的文化基质。这一界定赋予了传统潜在的活性。传统的活性来自两重因素，一重因素是人本身，传统作为人文活动及其成就的凝练，深刻映射了人的本质。因此只要人的本质存在，传统就有其生发的土壤；另一重因素是人文活动及其成就的不断汇入。只要传统与文化形态之间保持动态开放的流动关系，传统就必然是活水一潭。在这两重因素中，第一重因素是决定性的，第二重因素是衍生性的。因此即使第二重因素被阻断，传统也不会真正死去。此时它的存在状态如同一个休眠火山，或生命种子，随时有被激活的可能——在内外条件具备的情况下，会重新"生长"出与条件相适应的文化形态。从这个意义上说，没有传统是死的，传统都是活的。

二、文化传统与传统文化

由于传统的文化本质，人们常常将传统与文化并列来讲，于是出现了传统文化与文化传统两种表达，并且这两种表达经常被视为同义而随意转换。然而有学者明确指出二者其实内涵大相径庭。庞朴先生认为两者"差别之大，几乎可以跟蜜蜂和蜂蜜的差别媲美"。从构词法来看，传统文化的主词是文化，传统是作为其限定传达这种文化的时间特征，即传统文化是产生并存在于过去、历史中的"物质的、制度的和精神的文化实体和文化意识"[1]，是已经完成的"不可改变"的"定型样态"[2]。而文化传统则落脚在传统上。传统一定是文化的，文化传统中的文化仅仅是强调传统的文化归属，所以文化传统可以简称传统。庞朴先生认为，文化传统与传统文化是两个不同层次的文化概念。文化传统或传统，"不具有形的实体，不可抚摩，仿佛无所在；但它却无所不在，既在一切传统文化之中，也在一切现实文化之中，而且还在你我的灵魂之中。如愿套用一下古老的说法，可以说，文化传统是形而上的道，传统文化是形而下的器；道在器中，器不离道"[3]。显然，传统是抽象的文化本根形态，而传统文化则是具体的文化表现形态。结合庞朴先生的蜜蜂与蜂蜜的比喻来理解，文化传统或传统是传统文化产生的根据。而朱维铮先生则认为文化传统是传统文化中活的那一部分："先辈曾经认定是合宜的行为规范，以后继续被认为合宜的，被认为往古社会所累积的最佳经验，体现这种传统的文化形态，属于历史的遗存，却在现代社会文化生活中依然存在，尽管已经变了位并且变了形，那就是活文化。"正因为是活的，所以它能够从古代一直延续至今，具有现实性。[4] 朱先生的表述进一步完善了文化与传统形成的历

---

[1] 庞朴:《文化传统与传统文化》,《中国社会科学季刊》1993年第4期。
[2] 朱维铮:《传统文化与文化传统》,《复旦学报》(社会科学版)1987年第1期。
[3] 庞朴:《文化传统与传统文化》,《中国社会科学季刊》1993年第4期。
[4] 朱维铮:《传统文化与文化传统》,《复旦学报》(社会科学版)1987年第1期。

史过程及相互关系，即先有丰富的文化表象，才能凝结成文化传统；文化传统一旦形成，则成为新的（传统）文化生成的根据。这就与我们上文对传统的界定统一起来了。

在前文化—文化传统—传统文化之间的生发关系中，文化表现出集丰富性与统一性于一身的特点。根据这一特点，我们可以将文化作宏观与微观之分。宏观的文化对应于统一性，是文化全称，可以容纳一切人文活动及其成就，既包括前文化、传统文化这些具体的文化形态，也包括文化传统这一抽象的文化形态；而微观的文化则是与文化传统相区别的前文化与传统文化这两类具体的文化形态，比如历史上存在过的文学、艺术、哲学、道德、法律、制度、科学等方面所有成就或者说文化遗产。基于这两种文化视角，传统与文化的关系也可以作两种理解。就广义文化来看，传统是文化的内核、精髓，传统从属于文化；就狭义文化来看，传统是特定文化的基质，它既是历史上特定文化多样形态的凝练，又是其新的丰富文化形态生成的基础、源头、内核及内在机理。在这个意义上，传统与文化（具体形态）之间是一种本与末、体与用的关系。"所谓体，应该就是文化传统，就是某一民族之所以成其为一民族的那些品格、精神；而所谓用，则是这个体的功能、作用、外在表现，就是某一民族之用以体现其为某一民族的那些传统文化。"① 所以一语归结，传统文化是文化传统在历史上各个社会层面的现实表征。传统文化是文化传统的载体，文化传统是传统文化内在的精气神。比如我们平日讲教育传统、家族传统、学术传统等等，这些所谓的"传统"其实只是传统文化，是文化的具体表现形态，而非文化传统。但是在它们当中却又实实在在地体现了传统，贯彻了传统的精气神。所以无论我们拿出哪一个方面来讲，都确实可以感受到传统的存在。

但是正如理一分殊，理可以为分所展现，但是分所展现的理却不是一个万全的理，而是万全之理在各个分上的自然而然，是局限于分

---

① 庞朴：《文化传统与传统文化》，《中国社会科学季刊》1993年第4期。

的具象中的理。比如水。水的基本性质、运动规律等等，当中必然有理的存在，但是这个水之理并不等于树之理、山之理。将水之理、树之理、山之理等等再作一个破除具象局限的工夫，才能得到万全之理。这种逻辑分析的过程同样适用于对文化传统与传统文化的区分。在现实中，我们所面对的往往是传统文化，但是要使传统文化与时俱进，又必须对文化传统有深刻的理解。所以为了避免混乱，就有必要将二者关系厘清。在本书以下的讨论当中，当我们讲中华传统或传统的时候就是指文化传统或传统本身，而当我们讲文化的时候，则指的是与传统相区别的狭义的文化形态，即传统文化。

首先，文化传统具有抽象性和统一性，而传统文化则是具体的和多样的。文化传统是所有具体文化的精气神。"文化传统是全民族的，是民族之所以为该民族的气质、品格、精神、灵魂。它的成分可能很复杂，有土生土长的，有外部潜入的，有尘封蛛网的，有崭新锃亮的；但是它并不因此而支离破碎，七拼八凑。因为它是整全，它能整合，各种成分经过整合而彼此相安，彼此相需，形成一个完整而和谐的统一体，一个独具特色的个性统一体。"[①] 如果一定要指出哪些是传统的话，比较严谨地说法应该是那些见之于具体文化创造及其文化成果中的族类社会生活之普遍原则、思维特质、表现风格、核心价值等等。按照中华文化的"体用说"来分析，它们是一个"体"的多个"面"，这些"面"并不等于"用"，而是归属于"体"的。传统文化才是"用"，它们是传统在社会生活的具体方面的实现，是人们具体的文化创造和文化成果。比如通常我们讲饮食文化、工艺制作、民风民俗、书法绘画、社会教化、社会治理、社会关系等。由于人们的社会生活在总体上就是文化创造，每个人都是行动着的文化，因此传统文化在某种意义上就是整个的族类传统生活。

其次，文化传统具有鲜明的族类性，而传统文化则边界较为模糊，即它可能与其他族类文化有共通之处。文化传统是对族类文化生活的

---

① 庞朴：《文化传统与传统文化》，《中国社会科学季刊》1993年第4期。

抽象和提炼，是从那些族类生活境遇中最为特殊的方面适应性地生长出来的灵性之花。其定位恰如自我或者说自性对于一个人的意义——每个人都与他者有诸多相似之处，然而我之为我者，则因自我或自性的存在。文化传统也是如此，它是族类之为族类的存在根据。正因为如此，一旦动摇了一个社会中的文化传统之于族类的地位，该族类就面临着崩解的危险。传统文化虽然是以文化传统为基质发展出来的具体形态，但是传统文化与现实生活紧密相关。作为族类文化创造活动之现实境遇的社会环境条件的变化，以及族类成员通过各种途径在认识和实践上发生的被动变化①，都会引起传统文化形态的变化。尽管这种变化是以"传统"为主体的吸纳与融合，但是与时、与类（此类指人类）的俱进必然造成同时代、不同族类文化之间的趋同性。此外，从文化主体来讲，人类整体在生理方面、思维结构与思维过程等方面无疑都具有共同性，所以在创造文化的过程中完全可能出现不约而同的情况。

再次，文化传统具有历时性，而传统文化则具有明显的现实性。正如朱维铮先生所说，传统是传统文化中活的那一部分。所谓活就是指其不止于某一时代，而是具有历时性的、超越性的。虽然我们将见之于具体文化创造及其文化成果中的族类社会生活之普遍原则、思维特质、表现风格、核心价值等作为传统的表征，但是事实上这种表征只是一种相对的呈现。正如老子对道的"强字之""强为之名"一样，我们说这些是传统的表征，也只是为了方便理解和讨论。这并不是要将传统神秘化，而是由其作为族类文化活动的精神本质决定的。所以我们可以看到这些表征或者还会沾染历史痕迹，比如核心价值中有些可能随时代变化而失去其地位，有些则改变其内涵。但是在总体上，传统具有不易改变的惰性，并因其不着现实"尘埃"而具有历时的超越性。比如"和合"，它既是中华民族处理事务的普遍原则，也是中华民族的思维特质；既是中华艺术等具体文化形态的表现风格，也是一

---

① 这里所谓被动变化是指族类成员在接触到非本族类的文化世界时被吸引，受好奇心驱使而进行探索思考所导致的变化。

种中华文化的核心价值。它不仅适用于过去的传统社会，也适用于当今时代与未来社会。而传统文化则具有现实性，即传统文化与其产生的现实生活境遇密切关涉。如果现实生活境遇中存在历时性的内容，那么相应的传统文化就会体现出历时性。而现实生活的历时性内容往往基于人类生存与发展的基本需要。比如不论在过去还是现代抑或未来，人类都有对健康的需要、对安全的需要、对爱与被爱的需要、对自由的需要、对自我价值实现的需要，因而这一类的文化即使表现形式有所不同，但是其本质上是一致的；如果现实生活境遇发生了明显变化，那么相应的传统文化就会失去现实依托，而表现为"过时"。比如在近代，中国社会发生巨大变化，新的时代要求新的文化形态，并且大量的外来文化涌入，大批的中国先进知识分子和民众趋向新的社会要求，从而使传统文化失去了其现实依托，特别是学者们所说的传统政治制度的依托，因而被认为已经是失体之"游魂"，成为"过时"之"故纸"①。

复次，文化传统对传统文化起着限定的作用。除了完全与世隔绝的族类之外，大多数族类的传统文化都与其他族类有着交流与沟通，而不是单纯地自我繁殖，是"杂交"的结果，但是这种"杂交"的过程却不离本性——文化传统。文化传统对传统文化的历史性生成起着限定的作用，这种限定是通过汰滤和植根等机制来实现的："其外部潜入的成分，本是经过筛选了的；否则潜而不能入，入而不能居。用以选择的大筛，便是本民族固有的文化传统，包括它的价值取向和时代感、开放性。合则留，不合则拒，是这里的铁则；像一切有机体对待外物的原则一样。既已选入或接纳以后，这些成分虽不免带有'客家'的

---

① 实际上，此时人们所激烈批判的所谓"传统"，其实是"传统文化"而非真正意义上的"传统"，即我们这里所讲的文化传统。按照我们对文化传统与传统文化的区分，那些批判传统的先进知识分子，接受的也不过是西方文化，而非真正意义上的西方传统。这从他们无法摆脱的传统生活方式和精神境界的追求等方面都可以得到证明。但是由于文化与传统之间的生成性关系，对文化的批判最终还是伤害到了传统。这是导致现代中国社会及中国人存在各种文化失魂问题的重要原因。因而也是我们需要重新讨论何为传统，何为文化，何者可随时变，何者不可随时变的重要原因。

风采，但已然是新的大家庭的一员，便不可能独立寒秋，自成一系，与居停主分庭抗礼，形成独自的传统；而只会是入乡随俗，舍己从人，化为受体的有机部分"，"引入的新说，都还不过是一些'用'，它们只因和中国文化传统能相容，被中国文化所承认，所接纳，从而附着到中国文化的'体'上，才得以掀起波澜，发生作用；否则，将只是一些动听好看而无所作用的西方夜谭而已"①。也就是说，那些在汰滤过程中得以保留下来的，还要使其植根于传统基质当中，只有能够生长出新枝的——这新枝实则已经为传统所贯穿渗透，才最终成为传统文化的一部分。

第五章 创新与文化

一、创新的界定

"创新"是当代最时尚的词汇之一。各行各业一谈发展，一定会讲创新，可见创新与发展在人们看来有必然的联系。从日常对二者的并列讨论来看，如果说发展是一种趋势、状态，那么创新就是达到或获得这种趋势、状态的必由之路。

创新的意思似乎不言而喻，大抵不过是产生了新的东西，但其实创新所包含的内容是十分复杂的。不究其深意，在实践中就难以真正创新，求得发展。

创新之"创"是一个绝对人文性的活动，意思是做前人未做之事，正如康熙字典的解释：始造。创虽然是始造，但并不是一种一次性完成的动作，而是在造出（新事物、现象）之前的持续性动作。因此"创"往往包含着反复的尝试、失败、调整，终至造成，开创一个新的局面；所以，创新之"新"就是描述始造（创）而成的事物或现象的局面，包括事物或现象的性质、发展阶段、存在状态等，强调它们在性质上与历史事物或现象的性质相比较所具有的差异、变化，或者它们处于其自身存在的初始阶段、初始状态。"新"本来还有一层含义，即没有人经历过，包括认识经历、实践经历等等，强调人未有涉足、未有施加影响，但是创新之"创"已经表达了做前人未做之事的意思，因此其所创之物必然包含新的这一层含义在内。

44

除此以外，要理解创新，还必须把握以下几个方面的要点。

第一，创新并不等于从零开始。既有新，必有旧，没有旧无所谓新。所以所创之物的新是相对于其旧的历史存在性而言的，即创新必须以承认事物或现象的历史存在性为前提。就此而言，创新有另辟（造）蹊径而出新或成新的意思。

第二，创新不外乎两种情形，一种是将事物或现象潜在的丰富性激发出来，另一种是将事物或现象之间的潜在关系建立起来。理智地说，人类对世界的认识还处于极其幼稚的阶段，至少80%以上的世界是人类尚未涉足更遑论加以认知和理解的。因此所谓创新不过是在对事物或现象原有的实践和认知基础上更加深入，局面上有所突破而已。创新者不过是站在前辈巨人的肩膀上才能看得更远。为此，人们必须保持对前人及其开创的事业的敬意和尊重。

第三，鉴于以上两点，创新不是推倒重来。创新是自我扬弃的辩证过程。自我扬弃包括两个层面，一个是弃，一个是扬。这种扬弃不是简单地将事物一分为二，界限分明地讲哪些是需要扬的，哪些是需要弃的。而且弃不是根本放弃，毫无可取；同理，扬也不是全盘接受，毫发无损。扬弃是扬中有弃，弃中有扬。扬弃的原则就是既合理又合适，即在原有事物与发展目标的对照之下，既符合该事物自身发展的规律（理），又适应当下及未来社会现实的需要。通过扬弃，原有事物的格局表象上看似仅仅部分地发生了变化，而在本质上却是一个新事物。

第四，创新并不是为新而创，创新的动力源自陷于困境或对现状不满，是由于需要未能被充分满足而激发的一种突破性的活动。因此创新本身是破和立的统一。破除原有的束缚，包括原有的思维、认知、条件、手段、方法、形式等，然后选择用不同的思维、不同的认知（理论的或经验的观念）、不同的手段、方法、形式等等，开辟一个新的路径，从而打开一个不同的局面。这个局面中有不同的发展条件，因而能够使事物呈现一种前所未有的发展可能，这就是创新。

第五，创新是人类对自然化育的有意识地模仿。自然的化育是

"道生之、德畜之、物形之、势成之"(《老子·第51章》)的熔炼过程。而创新也是基于一定的理论(道),一定的原则(德),一定的形式(物),一定的条件(势)而进行的人文性的"化生"活动。自然的化育推动了自然世界的生生不息,而创新则推动着人类社会的持续发展。没有创新,人类社会无法发展到现在,也不可能有未来。创新是一种有意识的自觉活动,因此那种无意识状态下的误打误撞并不是创新。不过这种误打误撞也有可能成为某种创新的契机。

第六,创新是一个厚积薄发的活动。创新不是拍拍脑袋,凭借个人的小聪明就能够完成的。作为发展的路径,创新首先要有充分的以问题为中心的思考的积累,然后再加上某种机缘的刺激或灵感的激发,从而得以豁然开朗。

综合起来,创新就是建立在人类认知基础和思维能力基础上,扬弃事物的历史存在性,生发事物或现象的新的存在性质的活动。

二、传统创新与文化创新

创新是通过损益、扬弃而推动和实现事物或现象的发展,因此其损益、扬弃之间的关系和尺度的把握就显得非常重要。而针对不同对象的创新,对象本身的复杂性和特殊性也必须纳入创新的前提性考量当中。

如前所述,传统即文化传统是文化的根性基质,其形成是一个多样文化形态不断沉淀、积累、发酵、整合的过程。各种文化形态在传统中都有其独特的作用,又内在地交织在一起,是整个传统不可分割的部分。正如一个正常的自然生态系统一样,复杂但精致。传统并不是一成不变的,但是它有自身发展的逻辑。这个逻辑就是必须经历完整的由多而一的整合,不能急进,而只能是缓慢渐变。"一般说来,文化传统是一种惰性力量……当然这并非说文化传统是不变的。因为时间在前进,生活在交替,经验在累积,知识在更新,传统中某些成分会变得无所可用而逐渐淡化以至衰亡;生活中某些新的因素会慢慢积淀、并经过筛选整合成为传统新成分。但是必须注意,文化传统的变化无论如何总是缓慢的渐进的,不会发生一蹴而就的奇迹;虽在社会急剧变幻的革命时期也是如此。"①事实上,传统应当被理解为一个有机的活体,其中某些随时代变化而变得无所可用的成分的淡化以至衰亡,并不是被剔除到传统之外,而是如同树叶老去化泥护花一样,渗透到传统的变迁延续过程中,成为一种无法剥离的潜在的影响因子——不论这种潜在影响在人们的当下立场来看是一种滋养还是干扰。

传统本身发展逻辑的这种特殊性决定了传统创新的着力点不是从内部生硬地割裂或解构传统,使其分崩离析,而是从外部不断丰富新的时代条件下人们的人文活动及其经验,使新的人文成就——文化形态能够更多地汇入到传统的熔炉中,使传统内在成分发生变化,从而"自然"地塑造出新传统的形象。在历史上,中华传统经历了千百年的锤炼而形成晚近我们所看到的模样,因此,要实现这一传统的创新转化,不说千百年,至少也不会是百十年间就可能发生的。而且它也不可能按照人们想要打造的模样去改变。严格来说,传统不可能在某一时刻成为某种计划中的形象,套用一句流行的话,传统的创新永远在路上,其整体形象的蜕变既表现为长期的过程,也表现为阶段性的特征。我们可以笼统地讲中华传统的一脉相承,但是必须清楚的是,明清时期的传统不是宋元时期的传统,宋元时期的传统不是汉唐时期的传统,汉唐时期的传统不是先秦时期的传统。同理,现代意义上的中华传统在未来某个时候去总结,它也一定不再是近代的那个传统了。这就是传统的发展历程。从这个意义上看,传统的创新发展及其变化线索只能置于人类文化的宏观视域去审视才能浮现出来。

此外,传统并不是一个真正的主体,它不会自主地将各种文化内在地结合起来,传而有统归根到底依赖于人的作用。人起到的作用就是梳理、承接和整合。这之前有一个基本的东西作为依据。这个依据

---

① 庞朴:《文化传统与传统文化》,《中国社会科学季刊》1993 年第 4 期。

就是传统形成之前所确立下来的文化基质及其精神。这个基质包括一些基本的核心观念，用现在的话来讲，就是关于世界、人生及其相互关系的本原性观念。这些本原性观念的确立体现着某种价值认知和共识在这个民族中达成。也就是说，传统的形成不是个别人可以完成的，需要每个共同体成员在达成共识的基础上合力维护和建设。这种维护首先是梳理，即自觉地将一切新的文化要素按照本民族的文化基质及其精神来加以梳理。这个工作的作用在于将新的文化元素注入文化基质这一熔炉当中，作为文化基质及其精神的补充，使之更加充实。其次是承接，即以自身的文化基质为坚持，诠释新的文化元素，使之能够为每一个共同体成员理解和认同。这是实现再共识的前提。最后是整合，即在共同体成员认同和接受新的文化元素的基础上，将这种文化元素完全本原化，使之成为传统的有机组成部分。传统由此形成并实现新的发展。

而文化即传统文化则不同。正如自然世界中丰富的事物和现象一样，传统文化的具体形态也是千姿百态的。从静态的角度来看，不仅不同领域，甚至相同领域内文化的具体形态也各具特色。比如在文学领域、书法绘画领域可能同时存在几种不同的风格；在同一时期不同地域的民风民俗、思想观念等也会迥然相异等等。从动态的角度来看，每种形态的文化变化频率虽然可能不同，甚至有较大差异，但是总体来说都会在一定时代条件的影响下呈现明显的改变。日新月异就是用来说明文化具体形态伴随时代的发展所产生的与时俱进的变化的。而这种变化就是创新的结果。文化创新就是作为文化主体的人为了从现实与传统文化尖锐碰撞的文化困局中解放出来而自觉地调整开展人文活动的思维、形式、手段、方法等，顺应时代发展的需要，也即新的时代条件下人的发展需要，实现文化具体形态的塑造、变更和创造。

与人作为传统创新的必要条件一样，文化创新看起来文化是创新的对象，但是其根本却在主体——人的改变上。"各传统文化在其各自发生的当时，本系应运而生的"，"都曾经是合理的"，"在历史上都起过积极作用"①，往往都有较为广泛深厚的群众基础，因此要创新首先必须着眼于改变人，即改变习惯地按照原有文化生活的人，使其作为文化创造的主体能够从根本上接受创新，并且积极响应，主动创新。在这个意义上，文化创新首先应从教育开始。其次，时代要求虽然是文化创新的驱动力，但是文化创新却并不是如同修理旧的机器，换一个零件、上点机油或者整个废弃重置那么简单。一方面，文化不是墙头草，不是娱乐大众的时代弄潮儿，其根子在传统，因而文化创新会受到传统的制约。只有在精神层面与传统保持一致的创新文化才有可能深入人心，为人们所接受；另一方面，文化虽然是人文活动及其成就的总称，但是却并不能仅仅理解为具体的事物或现象本身，文化更主体的部分是这些事物或现象当中蕴涵的精神性的东西。在文化三结构论中，物质层面的文化、制度层面的文化与心理层面的文化分别指向不同层次的文化。越是表层的文化，如物质生产活动中的工具、工艺、产品形状、质量、功能等，越具有易变性；而越是深层次的文化，如制度文化中的道德、法律、治理模式、社会制度、体制机制等，心理文化中的观念意识、民风民俗、思维模式等，其越具有稳定性，不容易发生变化。然而特别的是，文化创新的真正实现往往并不以表层物质文化的创新为表征，反而以深层的制度文化与心理文化的创新为标志。这都是文化创新的特殊性所在。

---

① 庞朴：《文化传统与传统文化》，《中国社会科学季刊》1993 年第 4 期。

第六章　中华文化的内生动力

一、中华传统的人文精神

1. 何谓人文精神?

20世纪90年代,中国大陆掀起了一场关于人文精神的大讨论。此讨论由文学界发端,迅速席卷整个知识界、学术界,引发了社会极大反响。或许这一主题性讨论是改革开放必然迎来的思想运动,但是时至今日,何谓人文精神以及中国当代社会人文精神之建设仍然没有明确的答案。其原因当然是复杂的,但更为深层的一个原因应当是对人文精神之界定不够清晰,也未形成共识。回顾这场大讨论,跳出意见纷呈的激烈争论,我们认为,界定人文精神的主要分歧源于切入点的差异,即人文精神究竟是一个文化问题,还是一个人类问题? 从文化切入,可以有以下三种立场:中国文化立场、西方文化立场、马克思主义文化立场。① 从人类切入,也有三种:人性立场、人本立场②、人

---

① 这里所谓的立场,仅仅就对于人文精神的归属来讲,而不是指学者本身的学科方向。
② 这里的人本立场是指西方近代的人文主义思想,与西方现代心理学上的人本主义不同。之所以不称其为"人文"立场,而使用"人本"立场,是为了与后面的人文立场相区别。因为后面的人文立场是从人的类本质的角度谈人类活动的特殊性,而西方近代的人文主义的核心则是以人为本。因此这种人文主义也可以翻译为人本主义。

文立场。以下分述之 [①]。

从文化切入的立场，是将人文精神作为一个文化概念，从理论层面探讨其产生的文化背景，解释其本身的概念内涵、文化指向及其社会功能等。持中国文化立场的学者往往以《周易》中的"人文化成"作为概念的源初基点，结合中华传统文化所体现出来的思想观念等文化要素来论证人文精神的中国性；持西方文化立场的学者则察究"人文"与"精神"的概念来源，认为它们属于西方近代文化的产物。而既然概念本身是源自西方，则其内涵和指向也不可能在中国文化当中存在对应性。如果认可人文精神的价值，则中国文化语境下谈人文精神只能是由无到有地建构。中华文化与其相关涉的部分只能作为一种文化资源参与对这种人文精神的完善。持马克思主义文化立场的学者则从历史唯物主义视角考察作为文化的人文精神的实践生成性与历史发展性，强调人文精神是时代的产物，并服务于现实需要。马克思主义文化立场显然意在超越前两者，摆脱中西文化对峙的局面，以马克思主义的实践观和历史观实现对人文精神之普遍本质的科学界定。总体来说，从文化切入是在宏观层面对人文精神进行界定，有其合理之处，能够揭示人文精神作为人类文化活动产物的存在本质和生成历史。但是这种宏观层面的讨论也存在明显问题，即它是将人文精神作为某种与科学、道德、法律等一样边界清晰的"物性"文化概念，从静态视角进行学理分析，讨论所谓的名实相应问题。这种探讨忽略了"人文精神"在翻译过程中所带入的翻译者对不同文化共性因素的直觉体验，即抽离了人文精神中具有核心意义的感性内容——而正是这种感性内容使翻译者能够推己及人地理解不同文化表述中的人类文化活动的本质——使人文精神远离了人本身这一基点，因而其讨论只能对学术界、知识界产生某种理论意义，而并不能对社会中人文精神的现实状

---

① 以下综述参考了解丽霞：《近二十年来的人文精神研究》(《华南理工大学学报》(社会科学版)2006 年第 6 期)、张桂芳：《30 年来中国人文精神研究的回顾与展望》(《北京师范大学学报》(社会科学版)2009 年第 3 期)、王琼：《20 世纪 90 年代以来人文精神研究综述》(《学术界》2008 年第 4 期)等数篇综论性文章及其所列出的部分文献资料。

态形成直接关切。

从人类切入的立场，是将人文精神理解为从属于人及其活动的某种品质或倾向，因此只有通过对人的存在及其活动的阐释才能使人文精神得到理解。持人性立场的学者通常都持人性二分说，即将人性区分为自然性与社会性或物性与神性，而人文精神则属于社会性或神性的范畴，被理解为对人性当中的自然性或物性的超越的品质或倾向。这种立场有两方面的问题不容易处理，一是对人性的这种二分是否合理，二是所谓的超越是否隐含了压抑人的自然冲动和感性需要。而反对者往往也就是从这两个方面攻击其立场观点的合理性的。

持人本立场的学者主要的理论依托是西方近代人文主义。这种人文主义的基本观点可以归纳为两方面："人是目的"——人是一切社会存在的立足点与归宿；"人是万物的尺度"——人是衡量一切价值的根本依据。人文主义是植根于西方文化传统的典型产物，作为其理论核心的"人"是被视为有独立存在价值和作为终极目的的"绝对异类"。因而人文精神就是能够服务于人的异质性存在的人类活动的品质及其倾向。很明显，这是将人文精神限定于能够以人为本的人类活动，即对活动的价值属性有明确规定，不符合这一价值属性的活动就不具备人文精神，甚至是反人道的。这样就将人文精神局限在了某一既定价值的视野内。但是价值都是相对的，也就是说任何既定价值本身的合理性都是可怀疑的，将人文精神建基于一个可怀疑的价值认定之上是不可靠的。这也正是近代以来西方文化价值在推行于全球过程中与其他族类文化产生激烈冲突的一个重要原因——西方文化推导和认定的优越价值是否具有终极性和普遍性是可怀疑的。而且西方人文主义对人本身乃至人类活动本身的规定也并未能够得到全人类的普遍认同。当然，如前所述，任何族类的文化都具有真理性，西方文化及其价值观念同样具有真理性的内涵，因此这种文化及其价值观念所支撑的人文精神的界定必然也有其合理性。人的异质性存在是人类存在本质的一个重要表征，但是之所以以异质性来说明其存在性，恰恰体现了人无法摆脱与异己者共在的事实。因此人文精神作为属人及人的活动的品质和倾向不能缺少了处理人与异己者之关系的方面。这一点在人文立场的人文精神的界定中得到了合理的包容。

与人本立场的出发点相同,持人文立场的学者同样是从人类活动的品质和倾向出发来讨论和界定人文精神的。所不同之处则在于前者是以某种既定价值作为标尺,过滤掉了不符合这一价值的人及其活动,而持人文立场的学者则是立足于普遍的人及其活动本身,强调整个世界就是人文世界,是通过人及其活动实现了自然与社会、他者与自我、身与心相统一的人文世界。而人文精神则是人类的"一种不同的生活方式和实践方式"[1],也即一种不同的人文活动方式。这种不同,并不是与非人类比较的不同,而是与人类自身的其他生活方式和实践方式相比较的不同。所谓人类其他的生活方式与实践方式,比如与人所具有的自然性相一致的生活方式和实践方式;纯粹将思维与理性作为工具和手段的生活方式和实践方式;为物欲或他者所主导、丧失主体性自觉性和意义追求的生活方式和实践方式等等。由此可见,持人文立场的学者其所依托的人性理论具有丰富的层次性。与人本立场的人性理论不同,它并不是将人视为一种异化的、出脱于自身之外世界的存在物,而是将人与自身之外的世界视为一体性的有机共在。这种有机性是指通过人及其活动,整个世界,包括自然界、人类社会及其内部的成员、要素,乃至现象,均成为相互关联、不可分割的统一体,人的本质及其存在价值就是在实现这种统一的过程中体现出来的,或者说是通过人类的人文活动自证的。因而,人的本质是一种历史的过程性的存在,其存在价值是非完成的、不具有独立性的,即必须依赖于其持续活动及其结果来证明和体现。人文精神则普遍地存在于一切人的这样一种自证其存在本质和价值的生活方式、实践方式——人文活动中。

以上对学界关于人文精神的界定所存在的立场进行了简单的概括和分析,当然,这种立场分类不是绝对的,现实情况下,没有哪位学者

---

[1] 张汝伦:《再论人文精神》,《探索与争鸣》2006年第5期。

完全单纯地持某一个立场。更多情况下，这些立场都是混杂起来的，大多数学者会尽可能理性地将界定控制在一个更为中庸的立场，这也体现出中华文化的思维特色。此外，学者们对人文精神的界定还有许多其他考察，比如对人文精神与道德关系的考察①，对人文精神与科学精神的分判立场的反思②，对人文精神社会归属的分析等等。对此，已有不少学者进行了综合归纳，在此不再赘述。我们回顾和总结的目的在于借鉴和反思以上不同切入点与立场的观点，得出自己关于人文精神的界定。

第一，文化立场的概念分析是有必要的，但是这种概念分析需要立足于人文立场。所以，我们认为理解人文精神，必须对人文进行合理的解释。而人文就是人类活动，不同的族类有不同的人文活动，因而其人文精神也是有差异的。这是一个先在的文化立场。在此我们仅就中华文化语境中的人文进行解释。"文"本身在中国语境的意义是多种的，都有动词转化义。如果以《周易》为依据将天文与人文对应起来看，再考虑到《周易》解释天文与人文时也讲察变与化成，则天文指的是天象的变化，而人文应指人类活动。学者们通常以"文明以止，人文也"作为人文的界定，而我们认为联系上下文可以看到"文明以止"是接着前面的天文来讲的，这里的"文"应是天文，而"明"则是认知以晓明的意思，类似于《大学》明明德的前一个"明"。所以"文明以止"中的"文明"应理解为明文，即对天文明确知晓。而这个"以止"则是说人类活动之原则即在于通过察知（天）文，即自然现象及其所蕴藏的规律而确立人类活动之行止依据，用我们现在的话讲就是人类活动要遵循自然规律，受自然必然性的制约。而"观乎天文，以察时变；观乎人文，以化成天下"则是进一步说明"文明以止"的具体过程。"文明"就是通过观乎天文而察知其因时而变；"以止"就是人类在察知时变的基础上，知其所止而有所为。而"观乎人文"之"观"不是

---

① 例如季羡林就认为，人文精神与"德"有着密切的关系。周来祥、许苏民等则将人文精神指向人类对真善美的追求。

② 参见许苏民：《人文精神论》，湖北人民出版社 2000 年版。

像观察天文研究天文的那种"观"而已，还有领悟、透视的意思，"观乎人文"就是从人类活动中提炼出我们现在所说的人文精神，以这种人文精神化成天下，使物尽其性，各得其止而已矣。到《大学》讲"知止"的时候，以人文精神化成天下的"以止"意蕴就更为言通义畅、明确无疑了："《诗》云：'邦畿千里，惟民所止。'《诗》云：'缗蛮黄鸟，止于丘隅。'子曰：'于止，知其所止，可以人而不如鸟乎？'《诗》云：'穆穆文王，於缉熙敬止！'为人君，止于仁；为人臣，止于敬；为人子，止于孝；为人父，止于慈；与国人交，止于信。"由此可见，在明（天）文以立人文之止，并化成天下的这一过程中，人之存在的意义是极为关键的。明天文察时变，是认知活动，而将这种认知转化为对实践的指导则又需要经历一种思维的创造性提升，在指导实践的过程中通过随时而止以变通，将自然必然性的制约之"止"无限推远，扩充其张力，甚至将其美化为人类智慧追求及其实践探索的极限。这种在人类活动中将对人的潜质的自信、自尊、自强与对自然必然性的敬畏有机结合起来的文化品质和倾向，是中国文化所特有的人文精神的重要组成部分。

第二，有必要将人本立场与人文立场有机结合起来。人文精神是有倾向性的，并非所有人类活动都体现了人文精神，但是这种倾向性"不是出于哪个人或神的先验规定，而是出于人的历史性"，"如果人的存在（无论是个人还是人类）本身只能是一个历史过程的话，那么历史就是人的命运。历史的产生的倾向就是人命定的倾向，它不是相对的，而恰恰是绝对的。因为它决不能被人主观地加以改变"[1]。正如马克思所指出的，"历史不过是追求着自己目的的人的活动而已"[2]，因此，所谓人的历史性本质上就是指人的活动的现实性，历史就是人的现实活动的不断积累和延续。而人文精神的倾向性表现为人在其现实活动中倾向于对自身存在及其价值的积极肯定和实现，也就是说，当人类不能自觉地合理地运用自身的认知和实践能力展开现实活

---

[1]　张汝伦：《再论人文精神》，《探索与争鸣》2006 年第 5 期。
[2]　《马克思恩格斯全集》第 2 卷，人民出版社 1979 年版，第 118 页。

动,不能积极投身实现自身存在意义的活动,或者说不能从活动中获得存在意义被肯定的满足感时,这种人类活动是不具备人文精神的。由于"人文性的基本要素是人的社会性和人的历史性。只有一个人就无所谓文不文。正因为有不同的人和众多的人存在,才有各种各样的'文'。所以人文首先不是个人的事,而是人类的事"①,因而人文精神的主体也不是单个的人,而是以类的方式存在的人;人文精神只存在于人的类活动当中,表现为人的类活动的意义倾向。它当然是建立在人性基础上的,但是人性也是通过人类活动得以展现的,没有抽象的人性,同样也就没有抽象的人文精神。所以,从人性立论,仅仅将注意力放在人文精神与人的本质的关系上进行描述是非常空虚的,不论何种精神都必须置于人类活动中才能得到理解。从这一角度来看,我们认为所谓人文精神,就是指人类在认知和实践活动中所展现的有功于自身及其外部世界发展的意义倾向。这里的"有功于"所要表达的既包括人类对于自身作为一种具有积极意义的存在的肯定性的价值评判和定位,同时也包括人类意欲将这种价值付诸实现的自觉追求。

第三,坚持切近现实生活界定人文精神,凸显其对人的观念层面的引导意义。"要阐明人文精神的学理,仅有一种对于现实的精神文化危机的忧患意识和诗化的激情是远远不够的,而必须对人性有不加丝毫伪饰的真实体认,必须有从人类文明发展的大道上走一趟的深厚学养,必须有培根、洛克式的理性精神,有帕斯卡、康德式的探讨人类心灵底蕴的深沉智慧,有黑格尔式的巨大历史感和马克思的'世界历史的眼光',必须对中国文化的历程、特别是近数百年来中国文化近代转型的历程作出唯物史观的科学总结,对当代人类普遍面临的精神危机有探切的认识和把握,在此基础上,我们才能对人文精神的学理作出比较明晰的阐释,才能对于如何建立起一种既顺应时代进步潮流而合乎现代文明人类普遍价值之公理、又具有鲜明中华民族特色的新人文精神的问题,作出有益的探索,并且对正在致力于探索人类精神之

① 张汝伦:《再论人文精神》,《探索与争鸣》2006年第5期。

出路的西方学者有所启迪。"① 反观 20 世纪那场人文精神大讨论，其兴起的表层背景是改革开放十年，中国社会、人心出现了令人担忧的问题。这种担忧不是关于人们的物质生活或社会的物质文明方面的担忧——尽管在现在看来，当时的社会物质生产和人们的物质生活水平都还处于较低程度，而是关于人们的精神生活和社会的精神面貌的担忧。讨论率先从文学领域发端一定程度上反映了文学对于生活变化的敏锐性。讨论是对人们在时代激变下产生的心灵困惑的回应。那么人们为什么会有困惑呢？简单地说，人们的困惑来自文化意义感的迷失。这才是这场大讨论深层的背景。中国传统自近代以来逐渐隐而不彰了，而在文化大革命十年间，人与人之间、人与传统之间、人与社会之间关系的价值原则遭遇了更深层的颠覆，因此改革开放以后，人们实际上是在缺少确定和稳定的价值观指导的情况下，急功近利、各尽所能、全力以赴地追求经济效益。而这种将全部精力投入到物质层面的追求的生存状态与人真正的本质状态，或者说是人成其为人的本能状态产生了冲突。这种冲突类似于我们剥夺动物按照其本能生存的权利，而强迫其按照人的要求生存所带来的后果一样，它使现实地"活着"的人与自身的本性产生了隔绝和异样感，在其生活与实践过程中渗透着一种自内而外的浮躁焦虑、惶惑不安、怅然若失。这样，关于人文精神的探讨必然要回归到关于何为人、人的本质、人应该如何存在等根本问题的思考，需要在新的时代条件下重新对人性作出合理的具有安顿性的解释，对人的现实生活方式与实践方式进行积极的价值引导。在这个意义上，我们强调所谓人文精神就是人类在现实活动中对自身存在意义保持自觉追问、探索及其证成的精神品质。这里关键点是"自觉追问"，它体现了人的主体性和反思性；"自觉探索"，它凸显了人努力克服压力和摆脱平庸的意向性；"自觉证成"，它揭示了人文精神的实践生成性。这三个关键点逻辑地统一、连贯一气，不仅为能够成其为人文精神的人文要素区别于"活着就行""被动地反应""缺

---

① 许苏民：《人文精神论》，湖北人民出版社 2000 年版，第 8—9 页。

乏高级追求"的人文要素划清了界限，而且彰显了人文精神的价值引导功能，为人们不离日用追求人生意义指明了方向和路径。

2."生生"与"存存"的人文精神

"生生"与"存存"是中华文化最核心的主题与观念。自《周易》将这两大主题显明化之后，"生生"与"存存"的观念就贯穿于中华文化的各个具体形态当中。在《周易》中"生生"所包含的意义非常深刻。其一，万物生命轮回之变易：生生之谓易；其二，生命世界持续发展的性质：天地之大德曰生；其三，人类活动的用功之处：天大生、地广生，而圣人则效天法地、崇德广业。所以"生生"既体现了自然规律的大背景，又体现了人类的积极作为。"存存"则人文性更为明确。《周易·系辞上传》讲"成性存存，道义之门"。这里虽然有天地之道成就万物之性的意思，但是作为道义之门的成性存存，蕴涵了深厚的人文意蕴。成性存存是人类对天地生生之德进一步价值化的定位。如果说"生生"还没有将各个具体"生命"的生的质量体现出来，那么成性存存则对"生生"之意作出了补充说明，即生生不止于活着或者存在，更是一种有质量的活着和存在，是保持自身本质完整并成就这一完全的本质的活着和存在，这种生的状态如同马克思所说的"全面自由的发展"的状态。所以"存存"是人类对于"生生"的价值增值。而这种价值增值并不是说说而已，也是要付诸行动来完成的。"成性存存"不仅是对天地成就万物德性的赞美，更是人类对自身存在价值和活动意义的更高追求。因此我们认为，"生生"和"存存"是中华传统最根本的人文精神，它们浓缩了中华民族对人类存在价值及其活动之意义倾向的理解和认同，彰显了人类力量与自然力量的有机结合与相得益彰。纵观中华文化发展的历史，可以说正是依赖对"生生"与"存存"的觉解，中华传统及其文化才得以不断创新、千年绵延。在这个意义上，"生生"与"存存"的人文精神是中华传统及其文化发展的内生动力之一。

人文精神反映的是人类活动的意义倾向，因此它作为文化发展的内生动力，主要作用在于"统"，在于"一"。一方面，人文精神对各种进入传统的新的文化创造或文化要素起着规训的作用，使之能够服务于"生生"与"存存"的价值追求，此为"统"；另一方面，人文精神贯穿于新产生的文化形态当中，使新的文化形态形散而神不散，将传统的人文精神通过各种文化载体渗透到实际生活的方方面面，成为人们共有的精神信仰和行为心理，使每一个人都成为行走着的中华文化。此为"一"。人文精神对文化的这种"统"与"一"，可与孔子所说的对百姓"道之以德，齐之以礼"的"道"与"齐"相类比，类似于在中华传统中建立起某种"化合—传导"机制，它使得中华传统形成了强大的同化力、向心力，产生了鲜明的可辨识性。历史上中华文化灿烂丰富的形态与精神一贯的传统形成了两种不同的文化风景；而对异族文化的同化与中华文化圈的扩展则成为中华文化内在发展与外在发展的重要路径。这些都得益于人文精神的感召力，是中华传统的"化合—传导"机制作用的结果。

毫无疑问，历史悠久的中华文化拥有极其丰富的文化形态。按照庞朴先生的文化三层结构论来说，所有具体的文化形态基本上都可以归纳到物质层面的文化形态、制度层面的文化形态、精神层面的文化形态三大类之中。当然这种划分只是理论上的，在实际中，大多数的文化形态都具有跨界性。比如礼器，它既可以是物质层面的文化形态，同时也代表着制度性的规定。而音乐这种精神层面的文化形态，也具有制度性质。随着社会生活的展开和社会产品的丰富，文化成果就不必身兼多职，从而产生了更多的性质比较专属的文化形态。器物可能不再与制度相关，而仅仅是生活用品；音乐也不必代表身份阶层，而仅仅成为普通人的兴趣爱好。但是不论文化形态如何变化、其归属如何界定，只要其创造者所秉持的人文精神保持一致，那么所有这些文化形态所呈现的文化气质就会具有高度可辨识性。

以中国传统建筑为例。建筑因其涉及对自然材料的取舍与改造，涉及人的审美与实用，而具有能够集中反映文化特征的功能。它"几

乎囊括了人类所关注事物的全部"①,渗透着人类的主体意识,承载着
人类的文化理念。因而,考察传统建筑的规划设计、取材用料等方面
的特色,可以比较清楚地感受到该建筑及其风格中的人文意蕴。通常
对传统建筑的人文特色是以"天人合一"统括之,但是"天人合一"具
体落实下来,实是以"生生"与"存存"的人文精神作为设计原则贯穿
其中。中华先民认为,"宅者人之本,人以宅为家。居若安,即家代昌
吉,若不安,即门族衰微"(《黄帝宅经》)。因此传统建筑特别是民居
非常强调能够涵养生气、生机。而生气与生机则首先是与自然紧密相
关的,建筑作为一种人造物,其生气与生机是法天则地的结果。《黄
帝宅经》曰:"夫宅者,乃是阴阳之枢纽,人伦之轨模,非夫博物明贤
而能悟斯道也。"所谓博物明贤就是要求建造者必须具备与建宅相关
的天文地理人文等知识体系,只有这样才能使所建造的宅第与天地人
相合,从而实现宅对于人之生存的最大价值。《白虎通》曰:"明堂上
圆下方,八窗四闼。布政之宫,在国之阳。上圆法天,下方法地,八
窗象八风,四闼法四时,九室法九洲,十二坐法十二月,三十六户法
三十六雨,七十二牖法七十二风。"②此即为传统建筑法天则地的要
求。为了实现与自然之间的生意相通,传统建造者或者巧妙地将自然
元素纳入建筑布局中,使人居与自然浑然一体,如天井对阳光与雨水
的援引效果;或者通过布置人造景观来满足人对自然的渴望,如假山
与园林的设计。在设计思路、取材用料等方面,建造者往往既重视建
筑与自然环境的"因地制宜",又重视建筑对于居住者的"因人而异"。
不仅最大限度地利用自然环境条件的优势,回避其劣势,而且充分考
虑人的身心感受,使建筑真正立足于自然而为人服务。同时强调物各
付物地和谐共生,反对刻意破坏材料本身的原生本质来迎合人的需
要,崇尚因势利导,充分依托材料本身的特点,使之宛如天成地与建

---

① [意]布鲁诺·赛维:《建筑空间论——如何品评建筑》,张似赞译,中国建筑工业出
版社 1985 年版,第 37 页。

② 以上引文转引自徐清泉:《天人合一:中国传统建筑文化的审美精神》,《新疆大学
学报》(哲学社会科学版)1995 年第 2 期。

筑融为一体。"古典园林营造手法多样,其中之一就是借景。把某个景观以外的风景巧妙地引'借'到此景观自身,成为其一部分,这种手法就是'借景','借景'是突破空间局限、丰富自身园景且摒弃人工斧凿痕迹的一种传统手法。……它的最大的好处就是使得人工建筑与周围的环境融为一体,互相辉映,相得益彰,从而赋予整个园林以自然之灵气。"① 所以说,在中国传统建筑的建造中所讲的"天人合一",其根本立意实在于生生与存存,是使人的生意与自然的生意相融会、相协调;其所追求的"虽由人作,宛若天开"的效果恰好能够展现人在仿效天地生物存性上的成功实践。

在中国传统哲学中,生命之产生、发展和变化均与"气"之运动有关。气分阴阳,"万物负阴而抱阳,冲气以为和"(《老子·42章》),"阴阳和合,方有气之氤氲生化,从而有宇宙万物的产生、发展和变化。……在这里,'气'绝非简单意义上的空气,而是天地万物的生命之源,充盈于天地之间,流贯于万物之中"。由此,"生生"与"存存"作为生命运动的形态归根到底就是气息的流动、聚散,循环不息。这种"生"与"气"的观念不仅使校察风水成为传统建造活动的重要环节——校察风水根本的价值旨趣就是护生旺存。"古代中国人有'重生'的传统,渴望长生不老甚至羽化成仙是他们的生命理想之一。堪舆在相当大的程度最能表达这种理想。"② ——也影响到了传统建筑的空间设计。"'天地合气,命之曰人',因而中国人'以天地为栋宇,以屋宇为裈衣',将宇宙视为人类共同栖息的大空间,建筑只不过是从中划分出一片自己的小空间。建筑空间的意义不在于与外界隔离,而在于对生命之'气'的疏导和聚集,传统营建活动从基址选择、群体组合到建筑单体莫不以此为要。"③ 生命之气乃阴阳和合之气,"传统建筑力求通透,以便于阴气和阳气的沟通和合",而阴阳和合就是阴阳的平

---

① 汪洪澜:《天人合一:中国传统建筑中的哲学》,《宁夏社会科学》2006年第3期。
② 徐清泉:《天人合一:中国传统建筑文化的审美精神》,《新疆大学学报》(哲学社会科学版)1995年第2期。
③ 彭晋媛:《乐从和——中国传统建筑的艺术神韵》,《华侨大学学报》(哲学社会科学版)2003年第4期。

衡。《吕氏春秋》云:"室大则多阴,台高则多阳。多阴则蹶,多阳则痿,此阴阳不适之患也。"所以传统建筑强调"适形",即"以人性的尺度创造出合乎'人情'的建筑空间"。不仅如此,"古人认为,空间界面的围合度对'气'的流动有影响,过于封闭的建筑空间令阳气瘀滞,过于开敞的露天空间则阳气弥散,都不是理想的生活环境。……以负阴抱阳、阴阳和合为理想居所。因此,传统建筑将单幢房屋以一个完整的露天空间为核心四面(或三面)围合,由此形成两种不同性质的空间:有屋顶且四面封闭的室内空间和无屋顶而四面封闭的室外空间,使阴、阳各得其所;再通过灵活的空间界面,使室内空间室外化、室外空间室内化,从而阴中有阳、阳中有阴,达到流转和合的理想状态"。总之,作为一种艺术形式,传统建筑"所展现的,不是独立于生命活动之外的物理时空,而是融时间、空间、动态、情感于一体的生命时空"[1]。而作为一种文化形态,传统建筑则具备了文化载体与媒介的双重功能。作为载体,它内含了传统的人文精神;作为媒介,它沟通了文化、传统与人,在日常生活中潜移默化地熏染了居住者的人文气质。

除传统建筑之外,在古代中国,无论是民间的"下里巴人",还是士人的"阳春白雪",无论是宗族的家训族规,还是官方的政策法令,无不贯彻了"生生"与"存存"的人文精神,将维护人类及其自然界的生生不息与持续发展作为根本旨归,从而在整体上呈现出鲜明的文化个性。这种"生生"与"存存"的人文精神源自中华先民的系统和有机的世界观,它不仅能够指导中华民族自身文化的创造活动,同时也先天地赋予了中华文化接洽其他族类文化所必须的同情与开放的品质。

古代中国有先进的文明和发达的社会系统,是一片有利于文化生长的乐土,吸引了许多国家和地区的文化使者到这里交流传播他们的文化。文化传播的前提和基础是人与人之间能够相互理解、建立共识。然而在不同文化背景下生活的人们要实现这一点却并不容易。中华传统文化的"生生"与"存存"的人文精神由于深刻地反映了人类存

---

[1] 彭晋媛:《乐从和——中国传统建筑的艺术神韵》,《华侨大学学报》(哲学社会科学版)2003年第4期。

在及其活动的意义倾向，因而能够为不同文化提供一个共性的生长环境，或者说一种相互沟通、产生共鸣的共性经验，使得不同文化在交流与传播过程中有可能发生求同存异的"化合"作用，并结出新的文化果实。历史上，印度佛教、欧洲基督教、中东伊斯兰教等国外宗教文化在中国的传播和再造，近代西学东渐及其之后的马克思主义中国化等，都体现了中华传统文化及其人文精神巨大的同化作用。而这些外来文化的中国化运动及其所结出的新的文化果实最终都成为中华传统文化的有机组成部分。

中国古代儒家文化中的"王天下"也是一种非常明显的以人文精神感召而实现文化大同的政治思想。儒家"王天下"反对文明冲突和武力征服；也反对先进文明强制推行，统一、替代其他文明，其核心思路是以文化人，化成天下，实现天下大同。"王天下"最初是定华夏文化为一种价值上更为先进的文化标杆，并坚持"正己来民"的思路，通过确立自身的文化优势而产生感召力——这种感召力来源于中华传统的人文精神，从而吸引其他文明主动地学习和趋近。很明显，如果不同文明、不同人群认同一致的人文精神，即使其文化形态各有差异，仍然能够更好地相互理解、达成共识，这是实现和乐共生的天下大同必须的条件。《国语·楚语上》记载了春秋时楚国公族申叔时关于教导太子的一段论说。当其时楚国尚不属于华夏文化系统，但是已经十分注重学习中原文化，申叔时论说用以教导太子的典籍均系华夏重要的思想资源："教之《春秋》，而为之耸善而抑恶焉，以戒劝其心；教之《世》，而为之昭明德而废幽昏焉，以休惧其动；教之《诗》，而为之导广显德，以耀明其志；教之《礼》，使知上下之则；教之《乐》，以疏其秽而镇其浮；教之《令》，使访物官；教之《语》，使明其德，而知先王之务用明德于民也；教之《故志》，使知废兴者而戒惧焉；教之《训典》，使知族类，行比义焉。"而教育者为人师表所置备于身教的内容也都源于仁义礼智信的德性文化："诵诗以辅相之，威仪以先后之，体貌以左右之，明行以宣翼之，制节以动行之，恭敬以临监之，勤勉以劝之，孝顺以纳之，忠信以发之，德音以扬之……"（《国语·楚语上》）

可以看到，这种文化传导和渗透并不是由华夏文明主观强制的，而是周边文明受到吸引自主引进和学习的，最终文化认同建立起来，这些周边文明或者自觉地趋近、靠拢、融入华夏文明共同体，或者在学习的基础上与自身文化相结合，相互发明而形成内容更为丰满、影响更为广泛的中华文化圈。

不止如此，中华文化还远渡重洋，在近代西方欧洲大地上播撒其人文精神的种子。当代从事中西文化比较研究的国内外学者都以确凿的证据展示了中华文化对近代西方欧洲的思想启蒙运动所产生的重要影响。在当代，中华文化在世界的影响也继续增强。中华文化之所以在遭受了百年前的巨大创伤后仍然能够凤凰涅槃，重新为人们所关注和重视，具有强大的吸引力，根源即在于其传统和文化中蕴含的卓越的人文精神。

二、中华文化的现实关切

1. 人是自为的主体

人类是自然界的异化"物"，这是人从价值层面对自身的一种存在定位，其根据是人对自身作为一种与众生不同的独特存在的自我感受。"自我"的觉醒使人类不仅能够运用感官感知自身以外的世界，而且具有了反观的可能，即反观自身的感知："我"感知"我"。佛教中有一个"观自在"。自在是一切生命的存在形式，或者说存在本质，但是人类能够"观"——此"观"并非眼观，而是心观，也就是一种反思，即人能够观照、知觉到自在的本质及形式。这种观知就是自我意识。这种自我观照、自我知觉的自我意识将人类意识与其他生命的自在意识区别开来，并且使人类成为一种主体性的自为存在，即人类总是以"自"为主体去感受、认知和理解其之外的世界，并努力维护"自"的存在。"自"的存在既包括肉体的存在，也包括"观"的能力的存在，也就是我们常说的精神的存在。此两方面统一于"自"。因此维护"自"

的存在，意味着必须满足肉体存在和精神存在的需要。人类一切活动都建立在满足"自"的存在的基础上。这个"自"不仅是个体的"我"，也包括全体人类。如果说其他生命维持自身存在源于自在的本能，那么人类维护自身存在就是一种建立在自我意识基础上的主动自为。人类不仅要生存，而且要生存得好，生存得有意义，因为自我感知是敏锐的和深入的，并且能够不断探索人的"自在"之全面性，即人的本质的全面性。为此，人类不得不向自然界寻求资源和能量的支持以满足肉体层面的"自在"需要；不得不在赋予自在自然以价值的同时，创造性地改造自然，使其成为滋养精神层面之"自在"的有效成分。所以，自为是人类活动的根本特征之一。

理解人类活动的自为性需要抓住两个关键点。

其一，人类中心主义立场。作为自为的主体，人类活动从根本上看都是围绕满足自身需要展开的。不论是从自然世界寻求资源和能量的支持还是认识和改造自然、创造能够寄托人类情怀的新世界，都只能通过人并且为了人的存在与发展。这就意味着人类只能是而且无法摆脱人类中心主义立场。

关于人类中心主义的具体含义，学术界观点不一。我们认为，人类中心主义实质上是指人类在处理人和周围万事万物的各种关系时，以人的利益原则为核心，以人的价值取向为标准，以人的自我实现和全面发展为出发点和目的，去衡量一切事物或现象的存在及其意义的思维方式和理论体系。虽然不能说世界是为人而存在的，因为现有研究证明，在人存在之前，世界已经存在了，但是如果没有人，这个在人之前存在的世界对人来说就无所谓存在，也没有任何意义可言。这也就是王阳明所说的"你未看此花时，此花与汝心同归于寂。你来看此花时，则此花颜色一时明白起来。便知此花不在你的心外"① 的意思。所以正是从人的立场来看，世界因人而存在。这个存在是意义的存在。我们讨论人类中心主义的背景不是什么脱离人的纯粹自在世界，

---

① 吴兴、钱明等编校：《王阳明全集》，上海古籍出版社 2014 年版，第 122 页。

而是以人的存在为前提的人化世界。所以可以说，人类中心主义所秉持的观念不过是融入人类本性的一种基本的潜在的意识，是一种无需证明的公理。其被提将出来，不过像捅破一层窗户纸看到事实一样。而捅破这层窗户纸，使这种潜在于人类意识中的人类中心主义以一种被指责的方式凸显出来，不过是上世纪随着科学技术的发展和应用，随着工业文明的全球化推进，人类所赖以生存的生态环境出现极端恶化倾向后人类自我反思的结果。人类开始认识到，如果以这种趋势发展下去，人类自身的生存必将受到严峻的挑战。于是，以"保护生态环境，保持可持续发展"为口号的"反人类中心主义"浮出水面。他们以西方后现代主义的一些观点为理论基础，对工业文明提出尖锐的批评。在探索人类前途的过程中，提出一种整体主义、有机主义的世界观，认为世界是一个完整的、流动的整体，一切事物都是主体，它们之间也是平等的，任何事物都不能成为中心，享有特权。反人类中心主义最基本的观点有：第一，地球是生活于其上的所有生命（甚至包括非生命）共同的家园，而人类只是这个"大家庭"中的一员，而且是平等的一员。就算人类有意识与思维，能够进行创造性的劳动，是相对高级生命形式，但地球这个整体并不会只为其众多的组成部分中的某一分子而存在；第二，在反思和处理人与自然之间的关系时，不能仅仅从人的利益出发，而应当从有利于所有生物的角度考虑。还有一些反人类中心主义者认为，自然界先于人类存在，因此自然界的存在与发展不以人类的利益为目的；自然界比人类更强大、有力，因而人类不可能完全驾驭自然界，更不可能让自然界按人类的意志、需要去发展等等。

这些观点看似合理，实则存在着许多理论甚至逻辑方面的漏洞。如在第一点中，反人类中心主义者误把人类的价值意义上的中心等同于生命意义上的中心，结论自然是荒谬的。因为就生命意义的层面来讲，所有的生命（包括动物、植物和微生物等）当然都是平等的。但就价值意义的层面来讲，价值是人之造物，在人之前无价值。人是价值之所以从出，是价值的主体，而其他事物都是作为价值客体而存在的。在此意义上人类必然是这个价值世界——人化自然的中心，处于主体地位。"人化自然"的理论是马克思主义关于人与自然关系的最深刻的表述。马克思在《1844年经济学哲学手稿》中指出："从理论领域来说，植物、动物、石头、空气、光等等，一方面作为自然科学的对象，一方面作为艺术的对象，都是人的意识的一部分，是人的精神的无机界，是人必须事先进行加工以便享用和消化的精神食粮；同样，从实践领域来说，这些东西也是人的生活和人的活动的一部分。人在肉体上只有依靠这些自然产品才能生活，不管这些产品是以食物、燃料、衣着的形式还是以住房等等的形式表现出来。在实践上，人的普遍性正是表现为这样的普遍性，它把整个自然界——首先作为人的直接的生活资料，其次作为人的生命活动的对象（材料）和工具——变成人的无机的身体。自然界，就它自身不是人的身体而言，是人的无机的身体。人靠自然界生活。这就是说，自然界是人为了不致死亡而必须与之处于持续不断的交互作用过程的、人的身体。所谓人的肉体生活和精神生活同自然界相联系，不外是说自然界同自身相联系，因为人是自然界的一部分。"① 也就是说，我们在此谈论的一切理论、一切观点，在根本上都不过是通过人来理解和表达的，人类终究是站在人类立场上来解读世界的，或者说我们所感知的这个世界终究是被人解读的。我们说人类是这个世界的中心，不过是说这个意义世界因人而存在。因此人类绝不可能与其他地球生命或事物在价值上处于同等地位，即使人类在理论上这样规定，也不过是像贵族小姐自降身段、平易近人而已。而这种自降身段只是一种姿态，如果认为因此人类就与其他地球生命完全平等、不分伯仲了，那只是自欺欺人。所以地球或许不是因人而存在的，但是没有人的存在，它也不叫地球。

反人类中心主义的第二个观点涉及的是人类活动的目的和表现。如前所述，我们认为，人类活动的目的是满足自身的需要，其表现是自为的。这使其在处理与"人化自然"中的其他存在物之间的关系时，

---

① ［德］马克思：《1844年经济学哲学手稿》，人民出版社2000年版，第56—57页。　　67

必然要以自身的利益原则去判断是非、善恶、利弊、得失，以自身的价值取向去创造、选择、追求等等。这是人类活动自为性的体现。当然这并不是说人类可以罔顾自身之外的世界。从意义上看，这个世界自然是因人而存在的，但是从事实上看，其本身又是客观实在，是人类赖以生存的空间，有自身的存在本质和运动规律，因此人类要生存和可持续地发展，必须爱护自然世界，维护生态平衡——但这种事实上的尊重本质上却是价值上的手段。这一点不能混淆。人类在沙漠中培植林木，不是为了繁荣"林木家族"；自98年洪灾之后四川等长江沿岸省份退耕还林也不是为了生态的"利益"而牺牲人的利益。它们只是表明人类对自身与外部世界的事实性关系的认知进一步深化了，其眼光不再狭隘，开始着眼于人类整体的、长远的利益，而非局部的、短期的利益。"可持续发展""和谐社会"理论的提出是人类发展战略史上的一次大的飞跃，归根到底它还是指人类的可持续发展，是人类的和谐社会，是从人类本身的利益出发的。因为对于自然界，甚至对于茫茫宇宙来说，无所谓发展的可持续还是不可持续，也无所谓和谐不和谐。根据人类现有的认知，就算是在地球最"困难"的第四纪冰川期，灭绝的也仅仅是恐龙等一部分生命，地球依然在不停歇地转动。作为自在存在物，恐龙无法选择生死，其灭绝是自然的结果。而作为自为的存在物，人类对自身生命和族类文明的持续发展赋予了积极意义，因而当发现威胁时，就会根据事实世界的规律和特点，在行动上主动作出调整，有所为，有所不为，以消除威胁。这为与不为呈现出来的或许是对自然世界及其他生命的尊重，是对人类与其关系的调整，但是从根本上看却是为了实现人类自身生命和族类文明长远和持续的存在与发展。

因此我们可以肯定的说，人类的一切活动都是自为的，都是从人类中心主义立场出发的，从本质上讲都是以人的利益为根本出发点的，人类关心生态、爱护自然只是手段而不是目的。正如美国著名植物学家墨迪（W.H.Murdy）在其《人类中心主义》一文中所说的那样，"一切成功的生物有机体，都为了它自己或它们种类的生存而有目的地活动,否则物种必将毁灭"①。他认为物种的存在以其自身为目的,它们若是顾及甚至完全为了其他物种的利益,它们自身的存在就会受到威胁。当然,若按照他的这一逻辑,就会推出一切非人类的生物都是自为的,这是对自为的过度推衍。但从人类的立场来理解,就意味着人类即使"可以"站在别的生物的角度去提出问题、思考问题,他也只是站在人的躯壳中推己及物,体会他者的感受,而不是成为他者。"子非鱼安知鱼之乐?"某种意义上看,一切他者的问题不过是人类的自以为是。所以结论是,不论有意识的还是无意识的,人都不可能超越人类中心主义的基本立场。

当然需要指出的是,我们讲人类不可能"走出"人类中心主义,"并不意味着不能超越任何一种特定的人类中心主义,更不意味着任何一种人类中心主义都同样是合理的"②。那些以机械自然观为基础的人类中心主义,认为"人类是自然进化的目的,是自然界至高无上的主宰","自然界中的一切事物都是为人而存在","人类可以随意驱使和利用自然界,按主观需要安排自然界"的人类统治主义、征服主义都是必须"走出"和"超越"的。我们必须赋予人类中心主义以新的内涵,选择并建立一种旨在促进人与自然和谐发展的新的文化维度。这种文化维度所展现的正是马克思所主张的人的自然主义与自然的人道主义的统一,它将是一种真正意义上的"以人为本"。

其二,以现实关切为前提。人类虽然是价值世界的中心,但是作为一种事实的存在,其必须寄身于自然世界与人类社会,必须通过与自身、与外部世界进行物质、能量、信息、情感的交流互动来满足自我存在与发展的需要。而自然世界与人类社会作为一种事实存在,却具有不以人类的意志为转移的客观性,并且它们构成了人类活动不可逃离、必须正视的现实背景和条件。因此对这一现实背景和条件的关切是人类自为活动的前提,必须纳入统筹规划。

相对于人类而言,自然显然是一种宏大的存在。作为现象的自然

① 转引自叶平:《人类中心主义的生态理论》,《哲学研究》1995年第1期。
② 陈晏清等:《现代唯物主义导引》,南开大学出版社1996年版,第214页。

界具有广博深厚的包容力和支撑力，它不仅是人类寄生的场所，提供人类最直接的生存资料，而且是人类认识活动的第一对象、实践活动的原始环境、精神创造的灵感来源。更重要的是在本质上，其一方面具有隐秘却不可抗拒的规则、秩序和力量支配着万象更新，另一方面又充满变数、喜怒无常而神秘莫测。诸方面合起来足以使自然成为人类敬畏与崇拜的对象。因此在人类展开其自为活动的时候，必然会将自然作为关键的甚至具有决定性意义的要素考虑进来。这在那些反映各个文明早期人类活动的传说、神话、寓言当中可以看得非常清楚。比如认为万物有灵（神）几乎是各个文明早期的共同观念。这些"灵（神）"往往具有人类所不具有的力量和优势，甚至掌管着地球生命包括人类的生杀大权。因而人类要生存和发展，就必须处理好与"灵（神）"的关系。当然，虽然基于同样的对自然的敬畏与崇拜，各个文明却采取了不同的方式来处理与自然之"灵（神）"的关系。在这些早期文明的古老传说中，都有一个人神混居的时期，之后又都出现了人神分离。在人神混居时期，人类与神的关系大都是友好的。神担负着保护人类的责任，而人类只需要诚心诚意地敬奉神灵，一切生存与发展似乎都不成问题。人类过着安全、快乐、满足的生活。然而到了人神分离的阶段——各个文明对于造成人神分离的原因描述不一，神意变得不可揣摩，人的生存境况则充满未知，这时人类才进入到患得患失的时期。为了保证人类的持续繁衍与发展，一些被认为尚具备与神灵沟通能力的人成为从事巫术的专职人员。他们帮助人类消除对未知的恐惧和不安，为其活动指引一个基本方向，确立某些核心原则，呈现某种可预见的结果，从而起到调整人类活动、使人类更好发展的作用。事实上，巫术这种文化形态具有持久的存在价值，原因就在于人类所尚未认识的世界还极其广大。只要对未知的恐惧和不安没有消除，巫术这类文化形态就会一直存在下去。

当然，在更多的人类历史中，人与自然之间是一种理性的关系。人类虽然无法完全摆脱巫术这类神秘文化，但是各个文明在其发展过程中最终都走向了人类与自然理性的相处。这种理性的相处发端于人类真正意识到自身在自然中的地位和价值。不论是选择与自然抗争，或者与自然合作，或者与自然和谐共生，都体现出人类自我意识的确立和自为活动的展开。在这一时期，人类对自然的敬畏和崇拜依然存在，但是发生了形式和本质上的转变：人类中心意识形成了，自然成为人类自为活动的对象或条件，具有"利用"和"改造"的对象性的客体价值。这时人类在自然层面的现实关切集中于提高人类认识和利用自然规律的能力、提高人类生存几率和水平、改造自然环境创造更好生存条件等方面。在人类自为能力和手段有限的情况下，人类与自然在相当长的时间里保持了基本的"供求"平衡。但是随着人类社会进入工业文明，科技的迅猛发展壮大了人类的自为能力，为人类提供了更多有效的手段"利用"和"改造"自然，使其为大规模扩张的人类需求服务。到现代，这一人类以压倒性胜利征服自然的"伟大"运动终于产生了意料之外的可怕后果。它促使人类在自然层面的现实关切再次发生了转变：建立人与自然和谐相处的生存和发展模式和开辟新的生存空间。

人类社会是人类自为活动的产物，是人类为自身创造的一个新的生存空间。人类社会相对于自然世界而存在，具有价值意义上的独立性。同时人类社会在某种意义上又是自然世界的翻版。虽然它是一个人造物，但是这个人造物是由所有人共同创造的，一个人不成其为社会，几个人也不是，人类社会是所有人的共同家园。正是在这个意义上，人类社会产生之后就具有了事实的客观性，并成为人类这一族类的化身和特殊的存在方式——相对于自然世界其他生命族类而言。作为一种客观事实，人类社会的存在与发展具有"自然性"，这表现在它在很大程度上与自然世界的构成方式、运动本质具有惊人的相似，或者说它根本是人类自然本质 [1] 的一种延展，是人类在自然世界，在

---

[1]　所谓人类的自然本质，就是指人成为人而非其他生命的某种自然而然的性质，并不是人类刻意要把自己变成先在的某种"人"的标准。在这个意义上，人成为人是一个自然发生的事件，而人具有的本质也是理所应当的人的本质，这种自然必然性决定了人只能成为人，而不可能成为其他什么。

维护自我存在的自然过程中建构起来的，所以自然现象及其规律性可以成为社会现象的参照，对自然现象及其背后的化育机制的探索和思考转化为人类建构社会生活的必要知识——事实信息、价值观念、制度规范的来源，而这些知识又进一步指导人类不断塑造人类世界。作为人类共有家园和具有自然同构性的事实存在，人类社会不仅承载了全部人类的共同意志，而且具有内在的"自然"的变化发展规律——尽管相对于自然界来说，人类社会还具有人造性，为人类共同意志所主宰。在这个意义上，就个体的人来看，人类社会注定是其异己的力量。如果说人类在自然层面的现实关切是与整体的人类相关，那么人类在社会层面的现实关切就是与个体的人相关，即关切的方向集中于个体的人在社会中的生存境况。

个体的人在社会中的生存境况取决于个体与社会之间的关系。个体与社会的关系建立在三个基本事实之上：其一，个体是社会的组成部分；其二，个体是社会的创造者；其三，个体共享社会。这三个基本事实是同一层面的，不分先后、不可分割，一体三面。它们衍生出社会的组织结构、运行机制和治理模式，构造了个体生存与发展的基本格局，囊括了个体的社会地位、人与人之间的关系、个体的生存质量和水平、个体发展的空间等反映生存境况的基本指标。从已经发现的人类活动的文化遗存来看，不论散布在地球各地的不同人类文明群落在文化形态上有多少差异，个体与社会的关系都不外乎以上三个基本事实所确定的大框架。而且随着文明程度的不断提高，人类对于个体在社会中的生存境况的关注就越多，关注的重点也越广泛，关注的程度也越深入。任何人类文化都要回答和解决由这三个基本事实衍生的个体与社会的关系问题，这是所有文化的共性之处；差异只发生在具体的认知和实践活动上。那么由这三个基本事实可能发展出哪些必须关切的现实问题呢？

就第一个事实来看，个体是社会的组成部分，即社会是由个体组成的，但是这种组成不是人的机械叠加，而是有机组合，这样组合产生的社会是一个有机体。所谓有机体，首先意味着其构成要素——每一个体在其中都有自己的位置、功能、价值。这就产生了一系列问题，诸如：如何看待人在社会中的这种定位，这种定位是基于何种标准，人的定位是固定不变的还是流动的，固定的根据是什么，流动的条件是什么，人的社会地位与人的社会价值的区别，等等。而这些问题归根到底是，如何认识和处理个体作为社会的组成部分的事实平等与价值平等问题。其次还涉及一个重要问题，即作为有机体的组成部分的个体是否具有独立于甚至高于有机体的价值和意义。对这个问题的回答是近代以来中西方文明比较中凸显的明显差异之处，不过我们在此不做扩展。

　　就第二个事实来看，个体是社会的创造者，即社会的整体环境都是人造的，按照通行的分类，包括经济、政治、社会、文化乃至生态，构成人类社会生活的各个层面的物质的、制度的、精神的文化形态及其发展都是人类自为活动创造的成果。这里就有两个基本问题，一个是社会不是某一个人创造的，也不是某一些人创造的，而是全体人类共同创造的。这种共同创造依赖的是个体创造力的合力。这就不仅涉及人与人之间的关系问题，而且涉及社会的运行机制问题。作为一种社会动物，人与人之间的关系对于个体的生存境况具有重要的决定性意义。良好的关系不仅对个体的私人生活产生良性影响，而且有利于形成良性的社会合作。相反，恶劣的关系则不仅对个体的私人生活，而且对公共生活都会产生深远影响。因此人与人之间的关系是人在社会层面的现实关切的重点。社会运行依赖人的合力，而人的合力的基础是人际关系，因此社会运行机制的问题实质上是个体在社会活动中所呈现出的人与人之间的关系问题，即如何实现人际关系的和谐有序，在个体之间建立有机联合，从而产生最大社会效用——保障社会生活各个环节良性运转，构建适宜个体生存和发展的积极的社会生活环境。另一个问题是个体在创造社会的过程中能否实现自身的价值？前面我们论述了人类自为活动的目的在于满足自我存在的需要。其中精神层面的追求是人类自我存在的更为重要的需要。作为社会的创造者，个体是否能够按照自身的内在需要去创造，个体的潜能是否能够在创造中得到全面自由的发挥,个体的自我价值能否得到实现?诸如此类。这些同样也是人在社会层面现实关切的重要内容。

就第三个事实来看,个体共享社会,即社会为个体所共有。在前面两个事实当中,实质上都存在个体之间关系的问题。在第一个事实中个体之间的关系表现为社会成员之间的结构关系,在第二个事实中个体之间的关系表现为社会活动中的互动关系,而在第三个事实中,个体之间的关系则表现为社会成果的分配关系。分配直接关系到个体维持自我存在和发展的资源、条件。因此社会分配问题本身就是人在社会层面所关注的核心问题。分配问题不仅与人的自我需要紧密相关,即分配要能够满足个体的自我存在所包含的生命需要、精神需要等等,就此而言,需要的复杂性决定了分配的复杂性;分配问题还与第一个和第二个事实紧密相关。作为社会成员,分配涉及平等问题;作为社会的创造者,分配涉及贡献与分配的对等问题;而分配还受到整个社会发展的制约,存在当下的合理性问题,等等。这些现实都与人类生存和发展密切相关,人类的自为活动就是建立在探索和思考这些现实问题的基础上的,就是围绕解决这些现实关切的问题展开的。

2. "正"治的现实追求

如前所述,文化本身并不是人类活动的目的,人类的自为活动是为了解决那些妨碍人类实现自我存在的现实问题展开的,即文化发展的内在动力就是回应现实关切。现实关切的核心是人的自我存在的境况,围绕这一核心可以划分为三个不同层面的关切。浅层的是关注人的现实生存境况,也就是百姓日用的社会生活层面。包括人们的吃穿住行、社会交往、社会职业、民风民俗,以及人们在日常生活工作中的情感寄托、个人发展等等。这个层面关注的内容庞杂而生动,反映的是个性化的、局部性的、细节性的现实生活,偏重具体的现实利益的实现。中层的是关注社会生活管理或治理,也就是制度层面、理论及其教化层面。包括社会的经济、政治、文化、教育、民间组织等实践性的制度设计、管理方略、规则律法等等。这个层面关注的内容主要涉及维持人们社会生活运转的内在机制，往往表现为对个体分散的个性化的社会生活进行框范，强化个体生活的社会统一性，使整个社会生活秩序化、合理化、和谐化。深层的是关注人的存在价值的实现，也就是精神发展的层面。包括人对现实生活的理解、对自我价值的认知和认同、对生命意义的领悟等等。这三个不同层面的现实关切，分别可对应于人的基本生活保障问题，创造条件提供保障和预备发展的问题，实现发展的问题。客观地说，人类所面临的现实问题虽然表面上可能存在现象的差异，但是在本质上却具有共通性。这三大类问题实际上在一切人类文明中都存在，并且也都是人类社会活动的致思方向。但是不同文化对这些问题产生原因的认识是不同的，因而其回应的方式及提出的解决方案等也就产生了差异。

中华文化具有强烈的现实关切。这一文化特质已经为中外学者所论证并肯认。《周易·系辞下传》中有一句名言："作易者，其有忧患乎？"这是《易传》作者对《周易》成书目的的设问。我们知道《周易》经部是古代占筮的集成。在远古时期，自然力量对于人类生存具有巨大的影响，人类的自为活动，包括认识和实践活动在水平、程度上都十分有限。在自然力量的"威逼"下，人类为了解决现实问题——生存的紧迫、保障自身利益——实现发展，不得不通过占筮或巫术来打通天（神灵）人，获得有利于成就事功或规避风险的积极启示——占筮或巫术本身也是人类认知世界的一种方式。因此，《周易》作为占筮活动成果的集之大成，其成书目的非常明确，就是能够指导人们合理有效地开展自为活动、成就（生存与发展）事功。而作者所忧及所患者就是我们说的与人类的存在和发展相关的各种现实问题，包括来自自然界的、人类社会的、人自身心灵的等等。

《周易》经传虽然成书时间不同，表现方式不同，但是两者都传达了一个基本观念，即天人合一，这个基本观念反映了中华先人对天人之间关系的价值认知和判断，即认为自然与人类具有内在的、本质的、正向的关联。在人类走出混沌、产生自我意识之后，自然世界作为外在于人类自我的事实性存在，不可能天然地纳入人类的自我体系当中。因此要建立天人合一的价值认知和判断，有两个必要的前提，一是对自然之于人类生存与发展的价值持积极肯定的立场；二是对人类自身的智慧和能力持积极肯定的立场。前者有助于解决为什么要合一的问题，后者有助于解决如何合一的问题。

那么为什么要天人合一呢？简单来说，在人类文明当中最基础的那些观念在根本上都是为了解决生存和发展的现实问题的。如果将《周易》经传体系的思想内容抽象出来，可以看到，中华文化是从两个端点去概括现实问题产生之根源的，这两个端点，其一是道，其二是人。道的一方指向天（自然），其代表的是自然世界运动变化的本质和规律。它是中华先人对自然现象长期观察和总结出来的具有稳定性和普遍性的特征。人的一方指向人类的差异化特征。现实问题往往是同时由这两个端点出发产生的。简单地分析来看，一方面，道是隐藏于现象背后的本质和规律，而不同的人对现象的认知具有差异性，其结果要么道不为人们所感知，人们在日常活动中处于碰运气的状态，导致活动的合理性与实际条件不相配合，产生现实问题；要么人们对道的认识各持己见，因而在观念上产生冲突，导致行动上出现矛盾。另一方面，道是一种抽象的全体，差异性的人类是现实的全体，而连接这两个全体的人类的认知活动及其导引的实践活动却必然具有片面性，因而几乎在一种绝对意义上我们可以说，人类全面自由发展的理想永远在路上，而现实的自我存在永远是有问题的。那么既然如此，天人合一的价值选择意义在哪里呢？意义就在于在中华先人看来，道是定数。自然世界虽然变化万千，却是一个永续的、和谐的存在，这种存在状态恰恰得益于道的稳定性。道作为本质是定而生变，是现象产生的根源；作为定律是定以制变，是现象变化发展的稳定器。而人是变数。但是从《周易》可以看出，古人认为人是自然的一员，也是道的产物，人的差异性与自然现象之差异性具有本质上的类同性。因而，要避免人类差异所造成的直接矛盾和冲突，实现全体人类的合理发展，就必须参照自然世界的道与现象之间的关系模式，建构一个足够广大的允许错位发展的"自然"空间——人类社会,并建立起使人类彼此相互联系的"定律",实现变中有定;同时,通过维护"定律"的稳定性,在不同个体差异化的自我满足之间形成合理的内在张力,实现以定制变。建构此种动态平衡的人类世界,实为解决问题的根本思路。

如何实现天人合一呢? 或者说如何建构此种动态平衡的理想世界呢? 既然问题是由道与人产生的,当然也得从它们那里去找出办法。

中华文化认为变是必然的、绝对的。不论是自然界或人类本身,其差异性是客观存在的,这种差异性就是变化产生的根源。中华文化讲和则生物,同则不继。生就是新事物产生,就是发展,发展就是变;不继就是不发展,不发展就是不变。机械叠加或无限重复不过是量的积累,对于原来的事物来说没有任何变化和发展可言。而在差异性的事物之间反而可以相互补充、激发、促进。《周易》的《说卦传》中对八卦关系的描述就非常明显地表达了这样的理解。但是如果变而无序,互不相干,无规律可言,就会眼花缭乱,让人不知所措、无所适从。道之所以能够被人类所认知,就是因为它是以定制变的。自然界的变化是有序的、相互联系的,因而人类能够通过长期的观察、总结而获得认知。即使是现代科学为我们呈现了各种新异的现象,这些现象或许人类还未曾理解,但是科学家们却始终在寻求理解它的方式,这种寻求本身就是基于对自然世界的变化之有定的认知。对于人类来说,如果某种现象还无法理解,那么就是因为其与其他已知现象和已知的定律之间缺乏合理的联系。从这种意义上讲,科学研究不断深化的目的就是为了找出制约着我们所不理解的现象的定律,而不是为了"看着"它而已。所以,作为自然世界品物流形、变化万端的内在根据,道才是人类认知活动所追寻的真正对象。而追寻的目的乃是为了在差异性的人类群体中建立一个合理有序的社会生活提供一种客观性和价值性的支撑。

如上所述,从天人合一的立场和观念出发,以对道的这种以定制变的认知来对治人类社会的现实问题时,中华文化给出的思路是以自然之道为根据建立合理的人类社会之"定律"——人道，制约人类之变（差异），导之齐之，使人类自身的差异及其所衍生的社会活动的差异均可依托于"定律"（人道），既保持生动性，同时又不失秩序性。显然，自然之道对于人类来说不只是知识的丰富和深化，更是一种"正"的标准：一方面，它是人类确立人道权威性的客观依据；另一方面，它是人道合理性的价值保障。这样，在解决现实问题的两端中，道的地位和意义已经明确了，要实现天人合一，剩下的关键就在人。

中华文化特别强调人类在解决现实问题、寻求自我发展中的地位和意义。不论对道的认识，还是以天道立人道，进而以人道实现人类的永续发展，都必须以人为载体。但人的差异性却又会导致对道的认识的偏差和不一致，从而所立之人道各不相同，由此而指导的社会活动也各行其是。由此可见，实现天人合一，将天道落实为人道，必须有一个"正"治的环节。"正"治就是解决定以制变。正就是立"定"；治就是制变。正治就是先立定为正，再以定纠偏、制变，从而使人们差异性的、变化着的认识和实践相对地统一到一个"正"的基准上来。这个"正"的基准，即"定"，在中华文化中就是由《周易》所确立的天"道"。中华文化将正治作为基本方略，在整个文化发展的过程中加以贯彻，一边证道为正，一边以正道使人归其正、事归其正，从而建构起"万物并育而不相害"的良好的生存格局。可以说，正治是中华传统文化一以贯之的现实追求。

首先是证道为正的过程。根据现有文献，《周易》经部建立了一个阴阳互动的解释体系，并结合卦爻辞及其价值性的断辞展示出关于（天）道之正的标准之雏形。这一雏形就是时位人的有机结合、动态平衡。在这里需要重点指出的是，从《周易》经部对（天）道之正的揭示可以看到，中华文化充分肯定（天）道之正乃是人类对自然定律的价值建构，如果没有人及其活动作为载体，就无所谓道之正。因此人是作为建构道之正的重要组成部分而存在的，并且是其中最具影响力的能动因素。时与位能否成为道之正的有效构件，皆需要通过人这一个环节恰到好处地配合才能最终落实。也就是说，在根本上，任天道运演无穷,无人则无正;唯有人知其运演,且内合于人之生生和存存之要求而始有其正。所以《周易》实实在在地反映了中华先人明确的人文意识。关于《周易》经部所具有的人文意识前人已有太多揭示,限于讨论的主旨,此处不予详细举例说明。

《尚书》记载的上古明君所宣示和展现的治国理政之术无不是将天放在一个正位价值的立场,强调人要以德配天,否则就会被天命抛弃,受到惩罚或被有德者矫正(推翻)。如《甘誓》曰:"有扈氏威侮五行,怠弃三正,天用剿绝其命";《汤誓》曰:"夏氏有罪,予畏上帝,不敢不正",《西伯戡黎》中记载商将灭亡时,商的大臣祖伊说:"天子!天既讫我殷命,格人元龟,罔敢知吉。非先王不相我后人,惟王淫戏用自绝,故天弃我,不有康食。不虞天性,不迪率典。"这些都体现出将天道作为人事发展之根据的思想。而以德配天在本质上就是指人的行为要遵循天意。这时的"天"意义已经是一个复合体,既包括自然义,也包括人格义,明显与《易经》中的天道观念具有一脉相承的性质。到先秦时期,以天道为正的观念已经深入人心。诸子百家虽然在具体问题上各执一词,甚至对天道人道关系问题有不同看法,但是其人道思想都紧紧地依托于并表现了天道之正的价值标准。例如道家老庄就明确以天道为正,并以此作为批判现实人道问题的根据,鼓励人们在生活中追求并实践天道自然的正价值。儒家的仁道在根本上也是天道下贯于人类社会的完美表现。但是与道家不同的是,儒家的仁道建立在实然的人及其现实生活基础上,是以承认人的不完美为前提,依赖于人的理性自觉来克制违背天道的人为,建构一个相对完美的人类社会。至于司马谈《论六家要旨》中的其他四家无不有一个先在之道。而很明显,诸子百家的证道为正是一个开放的过程,他们的理论皆是通过人们持续的认识和实践活动加以检验、深化和完善的。阴阳家之"序四时之大顺",儒家之"序君臣父子之礼,列夫妇长幼之别",墨家之"强本节用",法家之"正君臣上下之分",名家之"正名实",道家之"使人精神专一,动合无形,赡足万物。其为术也,因阴阳之大顺,采儒墨之善,撮名法之要,与时迁移,就物变化,立俗施事,无所

79

不宜，指约而易操，事少而功多"，这些理论的现实旨趣及其实践功能均依托于各家对《周易》所开创的阴阳之道的理解，并以确立其为自身理论之根基而成就的。如果说《周易》经部尚未形成体系化的道之正的界定，那么其传部，即司马谈所说的《易大传》就完成了这一使命。它不仅人为地构造出了天道的秩序性、逻辑性，而且对这种秩序性、逻辑性的客观性、合理性予以巩固和强化。由此中华文化的正道基本定型。我们看到的《易传》实际上就是集合了先秦各家对道之正的理解而形成的一个多角度、多层次的相对完美的描述性界定：道即显现为开物成务的阴阳相摩、相荡、相推的运动及其规律。其运演的本质特征是易简。而易简分别是由易知和易从，即从人的认知与实践的角度去界定的。在这一描述当中，需要把握的关键，一是能够开物成务是判断道之为正的一个显性标准。由此无益于或无法实现开物成务的都不是正道；二是易知易从，即有益人类认知和实践是判断道之为正的一个内在标准。由此无法被人类认知或干扰人类认知的"道"，以及无法为人类实践或干扰人类实践的"道"都不是正道。这样，所谓正道就是有益于推进人类自为活动——认知和实践，也即从根本上维护人类生存和发展的自然（阴阳）运演之定律。在此，中华文化将全体人类的利益抽象成为道之正的价值根据，并将其确立为自然之道的价值本质——这一点如同西方基督教将一个完美的人抽象成为上帝，并赋予其宇宙主宰的价值本质。

当然，由于道的内隐性和人的认识与实践的发展性，证道为正不是凭一个《易传》就能够完成的。事实上，整个中华文明之思想及其实践的发展，就是一个不断证道为正，纠偏、补充、完善正道和破除非道的过程。或者说，正是在探索和追求正道的过程中，中华文明才得以不断突破创新，获得发展。

其次，以道正治的过程。如上所述，现实问题都是相对于人的存在与发展而言的；中华文化对现实问题产生根源的理解是"两点论"的，既有客观性因素——自然因素、社会因素；也有主观性因素——人。客观性因素，比如自然环境、条件，社会环境、条件等，从性质上来讲是一种事实存在，也就是通常我们说的不以人的主观意志为转移，人不能想当然地处理它们的存在，而必须根据它们存在的客观属性去找到解决问题的办法。主观性因素，也就是人的因素，既包括人对这种客观性因素的观察、研究、利用或改造，也包括人本身的认知和实践能力、潜在的心理、精神素质、个性特征等等。由于客观性因素是某种既成事实，因此其作为问题产生的根源主要是一种背景性的、条件性的、相对稳定的存在；相反，主观性因素作为一种能动性的因素则带有更强的主导性和多变性。也因此，主观性因素是现实问题产生的根本原因。如何理解这个问题呢？举例来说，客观性因素对所有人都是一样呈现的，但却并不是对所有人而言它都成为某个问题的"导火索"。对此人而言成为问题的，可能对彼人就不是问题。从大了看，不同时代、不同地域、不同社会地位、不同文化背景的人；从小了看，不同性别、不同年龄、不同个性的人，客观性因素对其来说是否成为问题的一个方面，或者对某一问题的产生具有多大影响等都是因人而异的。更遑论在问题的解决上，那种由于客观性因素的自然变化导致的迎刃而解的意料情况实在少见，更多取决于人。所以中华文化虽然非常重视客观性因素的影响，比如重天命的思想，但是其目的在于对人提出警示，让人懂得利用、回避、改造以服务于自身的需要，即最终还是将人的命运交给人自己。所以以道正治，所针对的都是人，是人凭借对正道的把握采取合理的行动，或纠偏不合理的行动，使人类活动的动机、目的及其达成的手段、方式等均保持与"道"一致的"自然正当性"。此为天人合一，此为以德配天，此亦为替天行道，所以《系辞下传》曰："苟非其人，道不虚行。"以道正治全系乎人。

　　归纳而言，中华文化以道正治主要包括几个方面：第一，治学；第二，治身（心）；第三，治家；第四，治人；第五，治国（事）；第六，治天下（宇宙）。《大学》讲格物致知、正心诚意、修身齐家、治国平天下。这个思路虽然是后来总结出来的，而且是从个体发展的角度而非生存的角度来讲的，但是也将需要正治的主要方面表达出来了。我们可以这样去看：从格物到修身是上半节，对治的是个体自身；从齐家到平

81

天下为下半节，对治的是个体之外的世界。也就是说，现实问题的产生主要是源于个体与自身及其外部世界的关系领域出现了偏差。这些偏差或者表现为个体自身的认知能力和水平、心理素质、精神品质等出现偏差，或者表现为在处理家庭、社会以及更大范围的人际关系、群际关系等问题上缺乏良好能力和素质。前者主要是从人的认知活动来讲的，后者则主要是从实践活动来讲的。认知在前、实践在后，认知出现问题，实践自然也难以成功。

在遇到问题分析原因的时候，中华文化有一个重要的特征，即从《周易》开始，其建立的六十四卦的宇宙生成系统就体现出一种向内的视野。六十四卦的解释体系，如同一位站在宇宙之外的"主体"，"看着"宇宙内事物的生成格局，是一种明显的宏观视野；而再由此向内"看"，六十四卦由八个小系统构成，形成了八个小的循环周期；继续向内"看"，各别卦又可分上下经卦，或理解为六爻构成，也自成体系；最后若将爻性再分，就剩下阴阳了。而阴阳及其运动被落实为宇宙之本根和变化之道。很明显，这是一种以整体为既定事实，而不断向内寻求构成性解释的思路，这种思路似乎一直延伸到中华文化的各种表现形态当中。比如相比外在的形式，更重视事物的内在品质对事物存在和发展状态的决定性意义。而遇到问题强调内求诸己、先解决主体自身的问题，再来寻求处理外在矛盾，或许也是这种思路的延伸。以下从六个方面的正治略加说明。

第一，治学。从发展的角度来讲，任何人都要通过不断地学习强化自身生存和发展的实力，使自我的存在价值得以全面展现。孩提时期，先有父母家庭教育，再到社会求学（包括正规教育和社会教化），然后有一个自我消化和提炼的阶段，最后确立起比较稳定的自我观念体系。治学就是通过正治使这样一个"学"的活动能够合理有效地开展。需要注意的是，中华文化讲治学其目的在成人，即学以成人。因此，治学实际上解决的是成人的问题。强调正治其学，就说明存在偏差的可能。在成人问题上，可能产生两种偏差，一个是对何为人的观念偏差，一个是对如何成人的路径偏差。由此，治学之"学"就有两方面的意义，一方面是作为观念形成的路径，即通过学来建立对人的正确认知；另一方面是作为实践路径，即在学的过程中完成对自身作为人的塑造。所以在中华文化当中，正治其学的重点不在学什么，而在从任何具体的知识、技能，乃至生活习惯、行为规范等的学习中成就人格。普通人当学徒也可以成就其健全人格，有些人甚至可能从来没有专门学习的经历，但是却具有美好的品德和人格——在《论语·学而》中子夏讲"贤贤易色；事父母，能竭其力；事君，能致其身；与朋友交，言而有信。虽曰未学，吾必谓之学矣"。这类人或者是家庭教育比较到位，或者是王阳明所谓有"利根"之人。

第二，治身（心）。治学的目的在成人，但为学的路径大多是由外及内的。而中华文化更强调由内及外，因此学只是成人的一条必要条件，但并不是充分条件。人区别于其他生物的一个重要特征就是具有反身内省、自我认知能力。正治其身（心）所突出的就是这种内修性的自省与自我认知的活动，它包括两个方面，一个是作为肉体的存在，人如何合理地认识自身的需要和感受；另一个是作为精神的存在，人如何构建一个与道相符合的真善美的内在价值体系。前者比如儒家的克己复礼，后者比如儒家的正心诚意。除儒家之外，中华文化其他思想流派对于正治其身（心）的理解可能不一样，但是强调身（心）同治、内外相合却是共同的。

中华文化具有强烈的现实主义倾向，强调不脱离现实生活，在现实生活中实现自我价值和精神超越。而人被视为完成这一过程的关键。如果说治学、治身（心）的直接目的在于解决好人的自我建设问题，且更多属于形上环节，那么，从治家到治天下，则是自我建设的形下环节，是将形上环节的成果置于具体而现实的社会实践场域，通过具体而现实的活动加以检验、修正和进一步提升。所以《大学》要求"自天子以至庶人，壹是皆以修身为本"，先有身修，使人具备良好的认知素质和形成合理的认知体系，然后方知如何处事，如何正确有效地开展社会实践。

第三，治家。家庭是社会的细胞，更是人类出生后栖身的第一个场所；家庭教育是人生学习的第一阶段，家庭内部成员间的血缘关系和情感维系也使家庭成为每一个体最深层的精神归宿。正是家庭所具有的对个人和社会的深刻意义，因此正治其家在中华文化中的地位也非常重要。正治其家不仅是一个人修身实践的第一站，而且有利于营造一个融情感与教育为一体的成人环境，使家庭成员特别是年幼的家庭成员在进入社会之前能够获得良好的教育，建立健康的最基本也最根本的观念和行为体系，为其日后的社会活动和发展奠定必要的基础。《家训》是中国古代重要的文化典籍。《家训》的一个核心内容就是家庭成员关系如何相处，即明确家庭伦理关系，并以构建和维护这种伦理关系为前提，强调个体所应当具备的美好品德与健全人格。尽管存在一些于现代不相适宜的内容，但是总体来说，《家训》不仅对个人成长具有重要价值，而且对于国家社会的法规制度发挥了补充和传递的功能。

第四，治人。如前所述，人是社会生活中之现实问题产生的根本原因之一。治学与治身（心）目的在于消除个体自身的问题源，而治人的目的则在于消除人际之间、群际之间、人与群之间等各个层面的人际关系的问题源。当然，人际之间的冲突与矛盾及其所导致的现实问题是不可能完全消除的，这与个体之间的客观差异性有关，也与社会建设和文明发展程度有关。但是中华文化认为，人际之间的关系正如自然世界中的各种事物之间的关系一样，也是可以和谐美好、并育无害，甚至相互增益的。因此对照自然事物之间的关系状态，并以其决定性力量——正道为依据正治其人，则有可能解决人际之间的现实冲突和矛盾及其所导致的现实问题。正治其人的核心主要是弥合差异的平等、公正等问题，和维持秩序的制度与律法等问题。围绕这些问题中华文化产生了丰富而智慧的思想成果。其中以儒家为主体的主流意识形态强调的忠恕原则，社会教化为先，法律惩戒为次等正治思路都具有极为明显的重人贵人的人文主义精神。道家、墨家、法家等也无不将如何解决人际关系的矛盾及其产生的社会问题作为重要的理论问题加以重点阐述。尽管由于所理解的正道不同，他们在这一问题上的思想观点存在明显差异，但是将正治其人作为实现理想社会的根本路径这一理论思路却是一致的。

第五，治国（事）。从先秦文献可以看到，中华文化将国与人（民）紧密地结合起来，认为有人（民）的地方才有国，人（民）是国之基，是衡量国家各方面成就的最重要指标。在《尚书》中多处表达了这样的观念。如《五子之歌》有"皇祖有训，民可近不可下，民惟邦本，本固邦宁"；《皋陶谟》有"烝民乃粒，万邦作乂"，还有散落在各篇中的"保民""安民""富民""畜民"等思想。这些3000多年前的朴素民本思想揭示出正治其国之正首先在于将保障民生作为中心，即一切治国、理政、处事的出发点和落脚点都应当放在保障民生上。其次，在正治其国（事）的手段、原则方面，正所代表的是一种不偏不倚的中庸之道。所谓不偏不倚本质上就是摆脱人为的主观刻意，坚持一种客观的自然的理所应当，使天地万物（包括人）都各循其性，各正其位，各行其是，各尽所能，各得其所。如孔子说"君君臣臣父父子子"就是从这个意义上讲的。

第六，治天下（宇宙）。在中华文化中，人所存在和发展的场域可以划分为四层，由小至大，依次为家、国、天下、宇宙。在家的场域中，家庭或家族成员以血缘关系为纽带；到国的场域中，社会成员以社会关系为纽带；到天下的场域中，人类之间以族类关系为纽带；到宇宙的场域中，人与自然世界的其他成员以共生关系为纽带。虽然人们所处空间不断扩大，但是每一空间内的成员之间都维持一种有机联系、共生共赢的关系。以这种场域认知为前提，正治天下（宇宙）包含两个方面的重要内涵：其一，包容。每一个场域都以某种纽带将人与人、人与其他成员联系为一个有机共同体。在这个有机共同体内，每个人都不是独行侠，而是作为有机体的构成要素存在。由此，每一个体之于他者、之于有机共同体都具有自身不可替代的独特价值和共性价值。建立在这样一种认知基础上的中华文化，先天地肯认差异化的个体及其所具有的存在价值，并试图建立一种合理的场域观和共同体意识，使差异个体之间的对抗转换为共在成员之间的互益。以万物并

85

育不相害为正道的观念使中华民族能够包容异己，兼收并蓄，持互惠互益的文明观。其二，和谐。在每一层中的细节处都可能呈现出冲突和矛盾的表象，但放眼整个场域或更大场域时，这些局部的冲突和矛盾所引发的其他部分的同频共振和相应调整，会使整个共同体最终呈现为动态平衡和整体和谐。春秋晏子的五味之济、五音之和，宋张载所言"仇必和而解"都是在这样一种动态的全局的视野下去认识冲突和矛盾现象的。以动态平衡之和谐为正道的观念使中华民族既能够处变不惊，辩证乐观地看待暂时的困境，又强调通过积极互动、沟通互谅解决问题。

总之，中华文化追求正治的现实主义情怀使中华民族在理想与现实之间架起一座桥梁，它不仅为其社会实践确立了理想主义的价值目标，也为其超越现实的精神追求规划了实现的路径。这正是中华文化得以延续和发展的内生动力和可靠保障。

第七章　中华文化的现代转型

一、近代以来传统文化的发展格局——以儒学为例

1. 儒学"时代性"价值的自我确证

中华文化是一个早熟的文化系统。以思想（文化的灵魂）的发展为线索，中华文化在春秋战国时期，其主体的文化样态和核心价值实际上都得到了基本展现。汉代以后，儒学的入世品格（人文精神）和现实关切使其逐渐从先秦众多的文化样态中脱颖而出，成为社会主流的意识形态，担当起代表和维护中华文化统一性的主要责任，并对中国社会及其发展形成了长达 2000 多年的全面而深刻的影响。也正因为如此，在近代"中西文化全面冲突时期，儒学则首当其冲，成为焦点"。在社会的先进分子那里，它"要么被当作改变中国社会性质的精神武器，要么被看作阻碍中国社会转型的绊脚石"[①]，其兴衰存亡全系于时事之变化。到新文化运动时期，作为与科学、民主对立的反面形象，儒学遭遇了前所未有的颠覆，不仅成为"愚昧和专制的代名词"，而且作为一种落后陈腐的旧文化被"打翻在地"，彻底丧失了对社会的引领作用。

然而，文化不同于其他人造物的特质即在于它不是某种通过改换

---

① 蒙培元：《儒学现代发展的几个问题》，《北京大学学报》（哲学社会科学版）2012 年第 1 期。

门庭或者贴个新标签便可以俨然新生的东西。文化的产生、存在与发展都依托于人及其活动，而人及其活动不是突兀的"飞来石"，而是以传统为内在支撑，承前启后、惯性的和延续的过程性、历史性存在。文化表层的具体形态或许容易替代，但传统之于文化却如血液之于人一样，除非整个人死亡，否则不论人的外在形态如何变化，其内在流淌的必然是同质的血液。即使为了救命，必须输入某种异质的血液，该异质的血液也必须满足能够与原生血液不发生激烈排异的前提。这就意味着，外来（西方）文化如果没有中国文化的接引，不可能完成中国化；中国文化只要内在传统不发生本质变革，就不可能完全外来化。通常，在传统正常发挥其文化功能的情况下，人们会坚决捍卫传统，甚至为之献身，原因在于此时的传统所代表的意义已经在全体社会成员之间达成了共识，这种共识是一种最广泛的也最深刻层面的基本价值认同，它源自几百年、几千年人们之间彼此磨合、相互切磋的全部经验，是人们用来解决现实问题的基本遵循，因此这样的传统在某种意义上具有最广泛的社会基础。从更深的层面来讲，这种传统是植根于每个人的人格心理当中了的。为此，一旦传统被质疑，就意味着人对自身的怀疑，那些本来安之若素的事情、习惯，转眼间变得风雨飘摇，人便会产生浮萍感，无所寄托，缺乏安全感和自信心。而一旦失去了与他人共享的传统和文化，人们就会感到他们不仅是无根的，而且是无靠的，人们"会感到无所适从、不知所措，人们的社会行为会处于一种失范（anormie）状态，亦即失去了共同的规范和道德理想"①。此时每一个人都成了真正的孤独者，并且是走在黑暗中摸索向前的孤独者，他们会更加关注自身短期的、现实的利益得失，而将他者视为潜在的伤害或阻碍。由这样的个体组成社会，其内在关联必然是肤浅的、脆弱的。因而，轻易地否定和抛弃传统及其衍生文化不论对于个体还是社会都十分危险。正是看到传统之于民族生存与发展的重要意义，"新文化运动到了它的后期，有一些新的变化，这就是第一次世界

① ［美］E. 希尔斯:《论传统》译序"，傅铿、吕乐译，上海人民出版社1991年版，第6页。

大战引起西方有识之士的一种文化反思以及当时社会主义苏维埃的出现。这些引起了当时一些优秀知识分子开始重新思考中国文化的问题"①。这样,一面是西方文化的高歌猛进,在中国社会以绝对优势将其影响铺陈开来,另一面是中华文化在强烈"应激"后开始回稳。虽然在社会政治的制度层面消褪了实际影响,但是通过思想界的比较和论争(如科玄论战),中华传统及其文化的价值在学术层面,特别是哲学层面获得了被重新检视的机会。

近代"中国文化的危机,在思想文化方面主要是儒家文化的危机,西方文化的大规模输入,造成了儒家思想生死存亡的大考验。换言之,儒家文化的危机与解除,是要面对西方文化的输入,了解、吸收、融合,并转化西方文化。只有经历了这样的历程,儒家思想才能在现代生存、复兴和发展,正如宋明理学吸收融会佛教而发展出新的儒学形态一样。只有在文化上扬弃西方学术,儒学才能在现代生存。这也就是说,文化上的融合、转化西方成为20世纪以来对儒家的存亡具有根本性的任务"②。儒学必须代表中华文化回应时代发展产生的现实问题,反思和融会西方文化所提供的参考答案,重新挖掘文化遗产,接续传统精神,以寻求并获得理论上的自洽性和实践上的当然性。由此,自20世纪20—30年代到当代,以儒学为代表的中华文化回复到自证时代性价值的合理③的发展轨道,开始新一轮的理论建构。这一轮理论建构的特点是"走出意识形态和实用的路子,从哲学理论层面探讨儒学的本质,建立现代新儒学"④。新儒学这种自证合法性的理论再造工程大致经历了三个阶段。

第一阶段主要是以西方"现代性"为标准的自我反思。正如郭晓

---

① 陈来:《百年来儒学发展的回顾与前瞻》,《深圳大学学报》(人文社会科学版)2014年第3期。
② 陈来:《20世纪儒学的学术研究及其意义》,《文史哲》2011年第1期。
③ 所谓合理是指在中华文化发展的历史中,曾有多次通过对外来文化的融会吸纳发展出新的文化形态的情况。我们称这种文化的发展路径是合理的。
④ 蒙培元:《儒学现代发展的几个问题》,《北京大学学报》(哲学社会科学版)2012年第1期。

东所总结的,"自西学东渐以来,民主、自由等西方自由主义思想逐渐成为当代知识分子所普遍认同的'共法'",而取法于西方现代社会的"现代性"也被赋予了普世的价值,一切"传统的价值,则'必须在现代性面前为自己辩护,表明自己不是现代性的敌人,才有翻身重新当家作主的机会'"①。因此,在这一阶段儒学发展总体上是追随西方现代性价值,并因之对传统文化进行全面的检讨与发掘:一方面坚持文化保守主义立场,力求捍卫传统文化的思想价值和尊严;另一方面实际上又承认以西方自由主义为基础的现代民主政治具有普遍的优先的价值,努力寻求儒学思想的自由主义解说。出于这种既渴望"先进性"又谋求"主体性"的复杂心态,研究和论证主要围绕儒家思想在核心精神上与自由主义的一致性或相融性展开。一边检点儒家传统政治思想中的"现代"资源,一边着手改造传统文化,努力使之与"现代人权自由民主法治相结合"。这种发展传统文化的政治思路是儒学直面现实进行自我塑造和再次成长的重要表现,当然具有深刻的意义。但是也不可避免地造成了儒学研究始终被西方文化背景下的"现代性"所挟持,难以摆脱实质上的弱者与后进者的自卑情绪和依附倾向,从而也就难以发现传统文化真正之于现代的立足根基,难以彰明自身的独立价值。

总体来看,这一阶段无论是对儒家政治思想"现代性"的批评还是维护,事实上都是基于同一价值尺度——西方现代民主范式的"抑"与"扬"。一方面,作为一种在历史上产生过深刻影响,且至今仍然在中华文化圈发挥引领作用的伟大思想,儒学的价值不可能被轻易否定;另一方面,作为一种曾经与传统社会相适应的价值体系和治理范式,儒学是否具有相对于现代社会的普适性与合理性也确实需要加以论证、澄清。在这其中"抑者"更多地是看到儒学与这一价值尺度相背离的地方,而"扬者"则更多地是看到儒学与这一价值尺度相协调

---

① 参见郭晓东:《现代性焦虑下之迷思:近年来的儒家政治文化研究》,载徐洪兴编《鉴往瞻来——传统文化文化研究的回顾与展望》,复旦大学出版社 2006 年版,第 92—125 页。

的地方。二者似乎保持着某种秘而不宣的合作，看似相克实则相生地
打造着儒学通向现代民主政治的暗道。确切地说，这一股浪潮迄今仍
然余波未平，在儒学研究领域依然有相当的追随者，有学者甚至坦言
这种现代性语境或者背景是难以也不能摆脱的，从中我们可以感受到
思想发展所受到的人的理性框架的局限。①

第二阶段是对西方"现代性"标准的质疑与主体性的回归。要使
儒学真正实现现代回归，必须完成儒家政治思想与传统政治实践关系
的清理与剥离工作，解除儒学与传统政治实践的从属名分，揭示其独
立的思想地位和实践价值，以证明儒家政治理念能够为现代社会政治
生活提供价值指引。从 20 世纪末到 21 世纪初，国内外学术界有三股
力量相互作用推动了儒学的这一新发展：一是西方后现代学术思潮，
二是国外汉学界及港台新儒家，三是国内文化保守主义思潮。在这三
股学术力量的相互影响和推动下，国内外学界通过对西方"现代性"的
合理性、完备性进行重新思考和评价，开启了儒学研究的向内转向。

一方面，西方后现代学术思潮通过彻底地解构现代性要素，突破
了理性设置的既有框架，拆除了西方现代性所固执的基础，创造了人
与社会发展新的可能性。"后现代主义逃离确定性而投诚于理论相对
性和不可通约性，以及它重新将质的维度引入人文和科学认知，这一
切都在质疑着当代知识界对过去片面超越性的长久信仰。"②后现代学
术思潮被推介到国内之后备受关注，各个领域的研究者都有参与对这
一思潮进行研究。这一思潮产生的初衷虽然是对西方的"现代化"思
潮进行反思和解构，但同时对国内儒学界挣脱"现代性"束缚也起到
了积极作用。另一方面，国外汉学界和港台新儒家在对传统文化的
研究方面一直保持着频繁的互动。20 世纪 80 年代以后，二者相继在

① 人的理性往往自以为是地设定精神发展的框架，并努力证成这一框架的先在性，从
而限制了精神发展的其他可能，也造成了许多思想与现实之间的矛盾。历史地看，
更多的时候，所谓的先知先觉者恰恰是那些勇于突破既有的框架，跳出看似矛盾的
现象纠结，发现事物发展存在的简单却根本的线索的人。
② ［美］郝大维、安乐哲：《通过孔子而思》，何金俐译，北京大学出版社 2005 年版，第
408 页。

研究立场和方法上发生了明显的转向，即由否定地批判转向温情地认同、从外部观审转向内在考量①。他们开始重视从传统文化自身的理路而非西方文化视域来发掘支撑民主的自由主义精神，揭示思想照应现实的内在理据，尽可能地呈现传统文化与现代价值之间的关联。他们对传统文化进行的重新发现的工作对于国内学界来说产生了类似于"旁观者清"的效果，非常具有启发性。

与此同时，国内文化保守主义思潮也与这一阶段的儒学理论再造运动如影随形，但是在80年代激进西化的文化氛围中难以伸张自己的诉求。进入90年代以后，借助于官方对激进西化的文化路线的打压和探索中国特色社会主义道路的实践展开，"不少文化人开始抵制西方中心主义、反思'五四'以来激进反传统的文化革命、重估'现代性'和以现代性为核心的西方启蒙话语"②，由此，以回归传统为基本立场，选择在传统与现代之间保持合理张力的当代文化保守主义逐渐壮大起来，如李翔海教授所说，当代文化保守主义的兴起"从一个侧面表征了中国文化的现代开展从注重'破'到注重'立'之转变的全民性的整体自觉"③。所谓"破"既包括破除传统儒学权威，也包括破除西方现代性权威；所谓"立"，就是挺立以儒学为核心的中国哲学的主体性价值，这一破一立的立场转换标志着新儒学的理论建构过渡到证成自身价值、回归主体性的阶段。

第三阶段是"返本开新"宣示话语权，其标志是出现了一种整合儒学研究方向的趋势。所谓"返本开新"是指返回儒家经典思想之本，重新发掘、梳理儒家思想，以应对当今社会所出现的新问题，尤其是建立儒学与现代民主政治各要素之间的关系架构。其目的在于确立儒学作为一种思想资源对于解决当下时代性问题的独立价值。经过20多年的积累和沉潜，在与港台及海外儒家不断交流对话的过程中，近

---

① 刘斌、张斌：《儒家文化可否开出民主价值：二战后美国中国学界的相关探讨》，《社会科学研究》2007年第4期。
② 吴雨欣：《当代中国文化保守主义的兴起及其影响》，《湖北社会科学》2010年第3期。
③ 李翔海：《当代中国文化保守主义思潮的意义与问题》，《华东师范大学学报》（人文社会科学版）2010年第5期。

10 年来大陆儒学研究力量不断壮大和成熟。与港台及海外儒家不同，大陆儒家有一种"天然"的本位意识，更加注重以"固本"为基础的儒学现代化研究，致力于呼唤儒学之本真精神、开显儒学之普遍价值。为了确立儒学自身的文化主体性，他们不仅针对近代以来对儒学时代性的质疑，为儒学"做无罪辩护或轻罪辩护，以及为自身具备回应现实挑战的能力做辩护"①，而且对西方文化背景下发展出来的民主、自由、人权等现代政治要素进行反思；不仅反思其内涵，对它们的内涵进行儒学的分析与解构，而且反思它们在已有的政治实践当中所呈现出的与理想目标的偏离，进而反思它们作为当代政治问题之浓缩的合理性。经过他们解构和重置后的民主、人权、自由等现代政治要素的内涵在许多层面发生了可喜的改变，具有了儒家气质，这为建立符合儒学精神的现代政治哲学奠定了必要的范畴基础。

　　思想与现实的紧张是推动思想发展的根本动力。近代以来，以西方文化传统与近代物质文明成就为背景的"现代性"强势规划了人类社会生活发展的"应然"图景，使得曾经具有不证自明性的传统文化的时代价值在中国现代社会备受质疑。在寻求与时代和解的过程中，以儒学为代表的传统文化从被动迎战到主动推进，从外启式的质疑排除到内生式的意义开显，逐步拉近思想与现实的距离。综观以上三个阶段的儒学发展，我们可以看到在研究主题、研究思路、研究成果等方面均具有明显的前后相承性，它反映出思想与现实之间由紧张冲突到尝试接近，再到彼此需要的关系格局的变化。而这一变化的产生有两个内在的因素起着决定性作用：一是儒学思想及其所代表的传统文化本身具有真理性价值；二是儒学"经世致用"的学术传统与儒者"君子之于天下也，无适也，无莫也，义之与比"(《论语·里仁》)的学术品格。这也是儒学能够实现应乎现实的自然、合理展开的内在根据，它为我们进一步思考推动儒学与现实的和解以及实现二者相互助长的良性互动提供了基本方向。

---

① 彭永捷：《论儒家政治哲学的特质、使命和方法》，《江汉论坛》2014 年第 4 期。

2. 基于"普遍性"要求的儒学现代化探索

随着当代儒学研究的推进,儒学及其所代表的传统文化与现代民主政治之间的关系已经不再是龃龉难入,儒学所贯彻的中华传统文化与文化精神对于民主政治建设的积极价值已经在很大程度上得到各方认同。如果说过去儒学及其所代表的传统文化的时代性问题可以化约为如何处理儒家(传统)思想与西方现代民主政治思想之间的问题,那么在当下它则主要表现为儒学(传统文化)的普遍性问题,即儒学(传统文化)能否以及如何回应当前全球面临的时代性问题。杜维明先生将儒学(传统文化)的这种普遍性的具体特征解释为既"能继承启蒙理性(自由、理性、法制、人权和个人尊严的基本价值)而又超越启蒙心态(人类中心主义、工具理性的泛滥、把进化论的抗衡冲突粗暴地强加于人、自我的无限膨胀),并充分证成个人、群体、自然与天道面面俱全的安身立命之坦途"[1]。陈来先生也认为,一种思想的普遍性,"取决于此思想中是否面对普遍意义上的政治、社会、历史、文化、人生的问题提出具有普遍性的思考"[2]。换句话说,具有普遍性的思想应具备两种特质,其一它是对人类活动具有普遍意义的规范体系,其二它是对一切现象具有普遍意义的解释系统。历史上的儒学就是这样一种具有普遍性的思想体系,至少对于中国社会来说这种普遍性是确定无疑的。千百年来儒学通过不断自新而获得向现实的展开,即最终都是要使其思想落实到现实的生活世界的锻造上,这不是偶然的,是其所具有的这一普遍性的现实品格决定的。然而思想之于现实的普遍性意义,并不依赖于具体现实而产生和存在。它是超越于具体现实,指向人类整体性的历史存在与发展过程的。

中国近代以来很长一段时间,将儒学与现实政治运作结合起来成

---

① [美]杜维明:《新轴心时代的文明对话——兼论二十一世纪新儒家的新使命》,马来西亚《南洋商报》2001 年 1 月 1 日。
② 陈来:《儒学的普遍性与地域性》,《天津社会科学》2005 年第 3 期。

为我们开展儒家思想研究的一个潜在的观念前提。无论是马克思主义者或西方自由主义者，都视二者之间的关系为一种血肉联系：或者是思想寄生并因此迎合实践需要，或者是实践催生并因此决定思想性质。总之，二者之间相互嵌入、支撑，难以剥离。因此，当我们认识和评价传统儒学（文化）的价值的时候，便很自然地将它与传统的政治实践相联系，于是也自然地得出结论：文化传统所赖以产生的现实境遇丧失了[①]，因而作为支撑传统政治实践的政治理论也就当然要被抛弃或解构重置。这一结论指证儒家思想的两个问题，一方面是儒家"内圣外王"的伦理政治思维混淆了道德与政治的边际界限，难以为以法治为核心的现代民主政治及其社会建制提供可靠的学理支撑；另一方面是以儒家礼制为基础的王权社会，往往成为等级特权滋生的温床，即使有民本的思想资源也难以有效扼制专制和极权主义的倾向。显然在这里我们是以具有现实性的政治体系来规定儒学和文化的质性的，是将儒学和文化作为服务于现实政治体系的理论工具来认识的。当代这种观念前提遭到了学者们的质疑，儒学及其代表的中华文化的存在质性被认为需要重新定义。也就是说，如果跳出这种既有的思维模式，将注意力放在儒学（传统文化）的思想性上，不难发现虽然在具体内容上传统儒学表现出与现实政治的紧密结合，但是其根本的立足点却是人类的终极关怀，是寻求建立一种更加适合人的生存与发展的社会关系。现实的政治体系对儒学的"利用"是有选择性的、有功利目的的，是不完整的甚至是断章取义、有失偏颇的。因此当我们讨论儒家思想的时代性问题时，所对应的应当是儒学当中具有一贯性的、终极性的、普遍性的主张，这些主张着力于解决人类面临的共同的问题，而不是某一个时代或一个地区的特殊问题，并且"这样的一贯性只是治理之道，而非具体的治理之术"[②]。

[①] 人们通常认为儒家思想是与农耕社会、封建宗法统治联系在一起的，因而当我们进入工业社会、民主时代，儒家思想便失去了相应的价值和意义。

[②] 干春松：《贤能政治：儒家政治哲学的一个面向——以〈荀子〉的论述为例》，《哲学研究》2013年第5期。

如前所述，近 40 年来，大陆儒家学者在学习和反思现代新儒家思想以及兼收并蓄西方后现代思潮与海外儒学研究积极成果的基础上，有意识地突破和摆脱西方现代性的思维框架，回到儒学本身的视角去认识当代中国和世界的现实问题，力求通过重新确立"道"的本原性价值根据，实现儒学思想向现实的自然、合理展开，进而实现传统文化在现代及未来社会的全面新生。就目前形成的趋势来看，这一工作主要沿着两个方向展开。一个是制度设计，一个是观念构形。前者重点关注儒家政治思想所阐述之大道如何行之天下，主张打通儒学"内圣外王"与"民本"等制度理论资源，设计贯彻儒家"道"之本质的新型社会制度模式。后者注重揭示儒家政治思想的核心精神或理论旨趣，探讨大道何以能行之天下，明确主张维护和弘扬儒学自身的理论特质，激活儒学内在生命力，确立思想价值之普遍性，探索儒学真正复活的条件和机制。总体上，两者虽然进路不同，各有侧重，但均有意识地寻求构建彼此呼应、互相支撑的新格局，以坚持儒家之"道"为出发点和立论基础，寻求超越"现代性"，生成普应当代和未来的"整体规划"。以下对这两个方向的进路及其成果具体说明。

从制度切入是着力于儒学之实用价值，意在探究儒家当代之新外王之路，这条思路客观地说是受到港台新儒家的启发，但是又表现出区别于他们的不同立场。港台新儒家的一个共同特点正如曾亦所说"有一个价值的出发点，即'五四'以来的启蒙传统。因此，新儒家虽然试图珍重和继承传统思想的某些部分，但这只不过是'抽象继承'，与中国古代的制度无关，其最终目标还是要投入西方世界的怀抱，即认为只有西方价值才是'普世价值'，西方世界才是中国的未来。他们对中国思想的部分肯定，不过是从中找到西方价值的某种胚胎而已"[1]。也就是说，港台新儒家从根本上来看是否定儒家政治思想的自足性的，认为儒学内圣有余而外王不足，要么必须由内及外，通过"坎

---

① 参见曾亦回应李明辉《我不认可大陆新儒家》的访谈观点。参见《大陆儒家再回应：港台新儒家对传统中国政治肯定得太少》，澎湃新闻网，2015 年 1 月 27 日，"思想市场"栏目，https://www.thepaper.cn/newsDetail_forward_1298273。

陷"内圣来矫正和平衡，由"良知的自我坎陷以开出民主科学"，要么由外烁内，通过向"现代化学习"和"文化的互动与融通"，来"重新调理"，"以调剂民主科学"[①]。很明显，他们对儒学的研究具有实用性目的，是将儒学作为一种优化现实政治的思想资源而加以利用，是以一种预先认可并且外在的利益性评价标准来"裁剪"儒学，使儒学服务于人为设计的社会目标。然而这种研究遵循的不是儒学本身由天道及人道的社会发展思路，不是以思想引导现实，由思想与现实的自然历史互动来实现社会的发展，而是反其道而行，以人的理性的阶段性创造物来束缚人的精神，并局限社会的发展路径。

相比而言，一些大陆儒学研究者的理论建构更加具有切实的历史与文化担当。他们首先以承认儒学思想之自足性为前提，肯定儒家所言说的"道"具有指导现实社会发展的普遍价值，并且能够对历史情境下的儒家政治思想理论及其社会政治实践进行理性的分析和评价。在当代制度建构方面，他们主张应当由儒学内在启动并整合相应的思想资源，包括内部资源（如公羊学、儒教等）与外部资源（如自由主义、公民宗教等），以建立符合儒家本质的新型的民主法治制度。其中主张整合内部资源而生成外王制度的被认为是承袭了康有为的新康有为主义或儒教宪政主义。为了避免对西方宪政理论与实践的"简单的移植和笨拙的嫁接"，他们考察并重视儒教精神与理念对于古代中国政治实践的积极影响，希望通过重新确立儒教在国家社会生活当中的政治威权和文化威权，使儒家政治思想得以成为国家治理的指导思想，并建构贯穿儒教精神与理念的中国式民主法治制度。这一系的知名学者有蒋庆、康晓光、唐文明等；而主张整合外部资源生成外王制度的被认为是承袭了梁启超的新梁启超主义或儒家宪政主义。[②] 这一系的学者大多对儒学发展坚持一种开放的、与自由主义相融合的原则，努力从理

---

① 林安梧：《"内圣""外王"之辩：一个"后新儒学"的反思》，《天府新论》，2013 年第 4 期。

② 关于新康有为主义与新梁启超主义的区分可参考中国人民大学张旭在儒家与当代中国思想之创生暨"儒生文丛"第二辑出版座谈会上的发言，原标题为《政治儒学的新方向》。

论上论证西方的民主法治主义精神——作为指导国家治理的正义理论及其价值体系，宪法必须是源于民意公心，并对代行公共权力的政府进行规定与制约的，这与儒家礼治政治传统之间存在着天然的共通性。并且他们认为，较之以自由主义片面的宇宙观、价值观、人生观和方法论，儒学更能为建立一种真正适合中国的宪政制度提供理论支撑。①这一系有代表性的学者有陈明、盛洪、秋风等。当然这种区分是相对意义上的，如有学者指出，蒋庆对儒教宪政的设计思路实际上就是借助了基督教参与现实政治的发展经验。尽管两系进路不同，但是都对儒家政治思想本身充满信心，特别是对这一思想超越"现代性"局限而生成对于当代及未来社会生活的更好的"整体规划"充满期待。

从文化切入是着力于儒学之普遍价值，意在探究儒学存在与发展之根本，即儒学既关照现实又超越现实的价值根据，以寻求儒学作为具有普适性的世界哲学的发展路径。与政治儒学关注儒家政治思想所阐述之大道如何行之天下的致思方向不同，文化儒学更为注重揭示儒家政治思想的核心精神或理论旨趣，探讨大道何以能行之天下。以文化作为儒学发展进路，海外新儒家中杜维明先生是主力。长期以来，杜维明先生致力于向全世界推介儒学及其价值，发掘传统儒学与现代文明之间的接合点，主张通过文明对话不仅实现儒学自身的现代发展，而且展现儒学对促进当代人类与社会发展的思想价值。他提出并推进的儒学第三期发展就具有非常明确的文化指向。

作为生活在海外的新儒家，杜维明先生对儒学的态度更多的是一种开放性的、全球性的，他更加看重儒学的世界文化意义，而民族性的、历史性的情怀相对较少，因此他与生活在儒学发育生长之地的大陆儒家在研究立场上会存在差异。这种差异表现为大陆儒家的研究具有更加明确的维护儒学自身的理论特质，并从这种理论特质出发寻求理论上的进一步发展的民族性立场。比较有代表性的学者有黄玉顺、干春松、张祥龙等。

① 陈明：《儒家思想与宪政主义——在天津新区演讲记录稿》，《儒家邮报》第85期。

　　黄玉顺认为在当代推进儒学发展必须完成思想方法的转变，从其所阐述的理论观点来看，这种转变更类似于某种回归。他认为，传统儒学的一个重要理论特质就是关注现实、切中生活，讲道在伦常日用之中，因此，儒学在当代的发展或许不在于坚持哪一种价值立场（自由主义的或保守主义的），而在于如何从生活现象背后所揭示的本质问题出发，寻求符合儒学之道的解决方法。这是其生活儒学思想体系的主要立场。① 而干春松对于儒学的研究看似围绕"制度""秩序"问题，但是实质上却不是政治儒学意义上的对政治制度的理论设计。从 2003 年的《制度化儒家及其解体》到 2006 年的《制度儒学》，再到2012 年的《重回王道：儒家与世界秩序》，可以发现他的这个"制度"更多地是用来表征儒学的理论特质或者说存在方式的，是对儒家思想进行的政治文化解读。他为当代儒学的发展所提出的路径是儒学的再制度化，这种再制度化是在传统的制度化儒学解体的背景下，寻求儒家政治理念在现实情境下的制度重构，"对于古代的王道政治的'回想'，并非是说那些具体的政治设计能够搬运到现代政治的架构中，更重要的是出于对王道政治原理的肯认"② 。张祥龙对儒学的现象学研究进路与他提出的"建立儒家文化保护区"的主张使其在当代儒学界独树一帜。就其理论思路来看，他对儒学当代发展的设想应当是基于当代世界的共同现实问题，通过现象学方法的运用，摆脱中西思想观念在理论源头上的差异性，实现求同存异。而其"建立儒家文化保护区"的主张则是基于儒学当下的文化弱势，为"保存比较纯粹的古朴活种"，避免在中西对话中丧失思想主体性而有必要建立相应的保障儒学恢复与强大的支持体系。③

　　这些理论体系或许研究视角、思想方法上存在差异，但都是以激活儒学内在生命力，确立思想价值之普遍性，探索儒学真正复活的条

① 黄玉顺：《生活儒学与当代哲学》，《理论学刊》2010 年第 8 期。
② 干春松：《重回王道：儒家与世界秩序》，华东师范大学出版社 2012 年版，第 5 页。
③ 张祥龙：《大陆新儒家的处境及其社会——政治取向》，《云南大学学报（社会科学版）》2011 年第 6 期。

件和机制作为研究目的,因之与政治儒学进路形成区别。当然,制度与文化进路的区分也不是严格意义上的。制度派必然需要以文化考察作支撑,而文化派也必然不能脱离现实的制度考量,比如为世界政治制度的优化提供儒学的发展方案。但是总体来说,这两条进路还是各有侧重,而且也得益于这样的差异,才使得大陆儒学研究能够将现实政治的发展面向更多地囊括进来,以促成对儒学未来发展更全局性、更合理、更具有可行性的规划。

二、传统文化当代发展的问题域

1. 认知偏见与发展误区

众所周知,中华文化在中国社会中地位和影响的显著衰变是从近代社会巨大变迁这一窗口展示出来的。但是究竟是社会变迁导致了文化衰变,还是文化衰变导致了社会变迁呢?这里有一个关于传统、文化与现实关系的正确认识问题。实质上,中华文化的衰变早在清代以前就已经出现了,这种衰变的本质是现实文化形态与传统的根本精神之间发生了矛盾。也就是说现实文化形态在本质上逐渐偏离了传统的文化精神,不过是到清末得到了总爆发。而西方文明的强势入侵是这一爆发的导火索。"西方的船坚炮利当然是摧毁东方防线的前锋和先导,但对中国而言,真正深刻的危机是西方文明的全面挑战。13—14世纪的蒙古铁骑同样锐不可当,但蒙古的军事优势并不代表文明的优势。而中国鸦片战争以来所感受到的西方冲击,绝不仅仅是军事技术的先进,在全方位的节节败退下,中国人渐渐丧失了对自己文明的自信,在心理上为西方文化所征服。正是在这个意义上,西方文化的挑战被认为是根本性的,而如何吸收与回应西方文化上的挑战,成为消解危机最为根本性的问题。"[①] 也就是说,西方强大的物质文化力量突

---

　　① 陈来:《20世纪儒学的学术研究及其意义》,《文史哲》2011年第1期。

破的不仅仅是中国的国门，更是中华文化乃至传统自成体系的人文生态，以及扎根于这一文化生态中的社会人心。

正如马克思在《共产党宣言》中指出的，近现代西方正是凭借其强大的物质文明硬实力，达到了"迫使一切民族——如果它们不想灭亡的话——采用资产阶级的生产方式；它迫使它们在自己那里推行所谓的文明，即变成资产者。一句话，它按照自己的面貌为自己创造出一个世界"[1] 的文化殖民目的。"鸦片战争之后，先进的中国士子，在救亡图存、求强求富心结之下，以先进／落后的二分法为思维框架，无视国际形势背景与政治、经济、军事、外交等复杂因素，想当然地把其势衰微的原因全算在中国文化传统的身上，要传统文化，特别是儒家文化负全责，于是就有了反对、贬斥祖宗文明的一波又一波的所谓'文化运动'，儒家或经学、儒学首当其冲，遭受到全面的背弃与践踏。"[2] 这一文化自信丧失的过程正如梁启超所言"先从器物上感觉不足"，然后是"制度上感觉不足"，"恨不得把人家的组织形式，一件件搬进来，以为但能够这样，万事都有办法了"，到后来发现"所希望的件件都落空"而"废然思返"[3]，发现原来是"文化根本上感觉不足"[4]，必须从文化上寻求推动社会发展的根子，谋求整体的变革。自此以后，讲中华文化就离不开西方文化。一方面，西方文化反客为主，在中华大地高歌猛进，不仅成为中华文化的诠释框架和价值标杆，而且成为中华大地主导性的文化形态；另一方面，中华文化包括传统在内皆成为被定义者，丧失了自身作为独立存在者的地位，即丧失了文化主体性。也是自此而后，传统文化拉开了强制转型的大幕。然而当这场强制转型以不可扭转之势席卷整个社会时，其所造成的社会思想的裂变恐怕是先行者们始料未及的。对于这段历史，从当下的立场来分析，其所采取的激烈方式有矫枉过正之嫌，它不仅动摇了传统文化的

[1] ［德］马克思：《共产党宣言》，人民出版社 1997 年版，第 31—32 页。
[2] 郭齐勇：《综论现当代新儒学思潮、人物及其问题意识与学术贡献——兼谈我的开放的儒学观（上）》，《探索》2010 年第 3 期。
[3] 梁启超：《五十年中国进化概论》，《梁启超全集》，北京出版社 1999 年版，第 4030 页。
[4] 同上。

社会根基，直接导致其在社会生活领域的全面退却，而且使得传统文化精神萎缩，抑制了本土文化的自我创新能力，遮蔽了其向现代发展的合理路径。"自'被现代化'以降，受世界政治格局的影响，自身的发展被强制地阻隔与扭曲，乃至于今天产生诸多问题，如社会空间非常狭小，社会文化几近'无本无根'等。"①当时西方学者有所谓的游魂之说，正是针对这种"失魂落魄"后只能作为一种若有若无的文化背景而存在的中华文化而言的。

分析近代以来作为社会思想、观念文化引领者的学术研究领域的现代转型路径的探索，可以比较清楚地看到这一传统文化边缘化的历史轨迹和当中存在的认知偏见及其导致的发展误区。

第一，片面地理解现实政治与政治思想（文化）之间的关系。将清末的政治社会危机归咎于传统文化是近代以来鞭策传统文化实现现代转型的基本理论前提，其背后的理据和逻辑在于思想之于现实当有引领作用，现实败坏就意味着思想落后甚至腐朽。而社会政治的现实危机就是受传统文化这种落后腐朽的思想所钳制禁锢而得不到发展造成的。关于现实政治与政治思想之间的关系，冯友兰先生认为，二者之间不是"断为两橛"的，而是"相依为命"，不可分割的。政治社会思想或文化并非文化家所凭空特创，现实社会政治的发展也不是对某种思想用或不用的结果。思想是从现实中抽象的"纯形式"，现实必须以思想为其理论根据。②就此而论，政治思想与现实政治之间确有不可脱卸的干系。然而历史地来看，政治思想在现实政治实践过程中的贯彻与否与如何贯彻却取决于人为。有学者曾研究过中国历史上学术与统治政权之间的关系，其结论是，多数情况下，学术实际为统治政权所绑架。统治政权即使是看中了学术对其政权有利的实用价值，对其加以倡导和支持，也不可能允许学术超越家国天下的权威而对社

① 郭齐勇：《综论现当代新儒学思潮、人物及其问题意识与学术贡献——兼谈我的开放的儒学观（上）》，《探索》2010年第3期。
② 参见冯友兰：《中国政治文化与中国历史中之实际政治》，载《三松堂学术文集》，北京大学出版社1981年版，第399页。

会政治进行直接干预。①因而虽然儒家作为传统文化的代表成为汉代"罢黜百家、独尊儒术"以后社会政治活动的主流指导思想，但是真正推行或落实儒家仁义政治的时代并不多。清朝政府虽然表面倡导传统文化，但实际推行的却是文化奴役政策，致使清代以传统文化为代表的中国学术思想表现出重辞章考据而轻义理诤辩的朴学特征。就此而论，将清末的政治危机归咎于传统文化则有失偏颇。客观地说，历来学术研究特别是关注现实并力求改变现实的传统文化，为了能够获得实现学术价值的平台，虽然在某种程度上不得不屈从统治阶级的政治需要和权威，但是作为一种包含真理性的社会政治理想，其对中国古代政治和社会的发展总体上起到了匡正、引导、监督和约束的作用。此为千百年来的中国历史所证明。正因为如此，以深度揭批传统文化之弊陋著称的鲁迅先生，在其临终致尤炳圻的一封信中说："我们……历史上满是血痕，却竟支撑以至今日，其实是伟大的，但我们还要揭发自己的缺点，这是意在复兴，在改善。"所以学术研究秉持批判精神是重要的，但是将现实政治的衰败简单归咎于学术思想却是片面的。

第二，对思想发展的"自然"特质缺乏理性认识。近代以来，一方面传统文化之于现实的合法性遭到了严重质疑，另一方面传统文化之于中华民族的深层维系又不可断绝。因此，如何在传统文化与时代需要之间建立有效联结遂成为实现传统文化现代转型的核心论题。当其时，学者们或者援引西学以滋养中学，或者以西学重塑中学之形象，或者于中学土壤中翻出类似西学之种子，或者以马哲之立场裁剪中学之内容——"去其糟粕，取其精华"(鲁迅语)。总体的立场都是强调传统文化缺乏自然、自主地向现代发展的内生动力。然而历史之所以是一个连贯的过程，乃是由于文化贯穿其中。在中国历史上，无论社会发生多么重大的变革，其文化根基始终保持相对稳定。这种稳定性表现为，虽然学术思想的研究方向和侧重点会随着现实生活的改变而发生变化，但是其所形成的核心观念一定是从文化根基中生长出来的，

---

① 王建华：《试论中国封建社会政统对道统的控制》，《江汉论坛》2013 年第 3 期。

其基本精神一定是与该社会或民族的整个文化精神一脉贯通的。传统学者的思想创造过程是以身载道式的，他"遵守他的文化信念而生活，这是他的文化组成部分。……在认识上他永远摸索着，在实践上他永远行动着，或尝试着行动。……他更不是尘封的陈腐的文化家，关在书房里，坐在桌椅中，处于人生之外。对于他，文化从来就不只是为人类认识摆设的观念模式，而是内在于他的行动的箴言体系"①。此即后来宋明理学所总结的"体用不二"。正因为如此，传统思想的发展始终与人的现实发展紧密联系为一体，是在人的现实发展过程中实现的自然发展。就此而论，中国传统学术思想内在地具有在任何时代沿着自身脉络而发展的生命力。而近代以来强行推进的观念转型却将与人的现实发展相统一的思想的自然发展过程人为地断为两橛，在人的现实发展尚未迁进的情况下，受急功之迫而轻率地否定本土文化，利用与本土文化精神相违合的外来文化力行社会改造，表面来看虽然增进了社会的物质文明，但从文化思想层面来看实有拔苗助长之害。

第三，以一时之事功评判学术思想价值助长了学术研究的不正之风。正如冯友兰先生所说，思想家及其思想成果之于现实社会政治发展乃是一种先觉行知，"对于纯形式之知识，乃文化家所特有。惟因其知之有早晚，故某种政治或社会理想，有时发生于某种政治或社会实现之前，有时于其后，有时与同时，有时有一部分于其前，有一部分于其后，有一部分与同时"②，因而不能以一时之得势与否判断思想之价值真理性。学术研究本身虽然要立意有功于现实，但是却需要与现实保持一定的距离，要致力于超越现实从而引领现实。思想创造不是仅仅停留于对现象本身的描述，而是要透过现象对其本质进行探索。因而思想的产生及其效用的发挥有一个逐步回应现实需要和逐步完善以指导现实的过程。与自然科学研究对象不同，社会科学的研究对象其表象的形成是极为复杂的，如果以一时之事功达成与否来评判学术思

---

① 冯友兰：《中国哲学简史》，北京大学出版社 1985 年版，第 14—15 页。
② 冯友兰：《中国政治文化与中国历史中之实际政治》，载《三松堂学术文集》，北京大学出版社 1981 年版，第 400 页。

想价值，就会使研究者的视线局限于现象变化。这种自然科学的研究进路，不适合于社会科学研究。中国传统学术研究的一个鲜明特点就是关注作为整个现象世界之根本的"道"，它所希望的是将这一主宰着自然生生不息的"道"演化为人类社会的发展之"道"，从而使人类社会如同自然世界一样和谐美好、生生不息。"道"在中国传统文化中是一切正价值的根据，因此中国传统学术是致力于以"道"之正正现实之不正，将社会与人的发展纳入正道的轨道。所以它往往并不是就某一具体之事功用力，而是从建立处事原则、规范、机制等方面下功夫，由此产生的指导现实的效果是提纲挈领式的，而不是针对某一事件拿出具体方案。因此传统学术的价值往往不能从一时之事功上获得即时性的体现，而只是以内在原则、基本规范、运行机制的方式贯穿于事功之中。如果缺乏长远眼光，不深入考查事功背后的形成机理，是很难对传统文化之真理性加以品评的。可以说，近代以来对传统文化的西式改造，使得传统文化研究的固有特质遭到破坏，其思想成果与现实之间无法建立合理有效的关联，其结果使得研究工作要么限于无用的清谈，要么成了对现实的附会，基本丧失了其原有的"正"治之社会功能。这种研究格局也进一步导致传统文化的边缘化。

由以上三个方面的问题来看，近代以来对传统文化这块土地的整饬确有操之过急、失之偏颇之处，一定程度上致使儒学甚至整个传统文化的延续发展陷入合理化困境。本来在传统文化中并不存在的开新问题——中国传统文化在千年历史中是不断与时俱进的，于今却成了难以突破的瓶颈。类似于中国传统学术思想不具有西方所定义的"文化"之"实"，因而不应以"文化"之"名"称之；传统学术研究缺乏以西方文化为范本的"科学""合理"的现代学科体系；中国传统思想是建立在古代农耕文明基础之上的，以宗法血缘为纽带的产物，无法从其自身生发出能够阐释现代的理论，要想关照现实，必须借助西方文化的力量等的理论预设仍然干扰着传统文化回归其思想旨趣与实践本质。时至今日，传统文化在学术研究领域仍然气象局促、处境尴尬，研究方向不清、重点不明，思想成果则如墙头之草，随西风、政风、世风摇摆不定。尽管学界通过十多年的不断反思，在关于传统文化的合法性、主体性、学科建设、研究范式以及文化再植根的实践等方面形成了一些共识，但是严格来说，这些共识并没有给传统文化日渐边缘化的局面带来实质性的扭转。

历史证明，文化主体性、统一性与自信心的丧失必然导致文化共同体内部矛盾的尖锐发展和社会人心的四分五裂。事实上，文化也好，传统也好，本不是什么有意志的主体。文化或传统的持续发展并非自己有什么主见，非要如此，而完全是因为人在其中的作用，是这个文化传统中的每个人有一种自觉向传统致敬、依传统实践、为传统谋发展的共识，其立场在维护和建设传统。但是近代以来这种对传统的态度和立场发生了变化。除了西方文明的外在原因，更为根本的两个原因，一是中华文化形态与自身文化传统之间发生了断裂，致使文化的创造不能及时与传统产生良性的发展互动，使得传统的发展"营养不良"，因而也难以与现实形成良好互动，产生现实需要的具体文化指导。二是由不正确的认知导致的人心思离。传统的发展依靠的是人，如果在共同体内的人不能发挥文化载体和传统整合者的作用，那么新的文化要素与传统之间就会产生断裂。也就是说，新的文化要素如果不能被人引导梳理到传统当中，作为提升传统的补充，而是向反传统的方向自行发展；如果人们放弃坚持传统立场，不能接续传统对新的文化要素做好诠释工作，而是以新的文化立场检视传统，解析传统，其结果可能导致传统分崩离析，而新的文化要素却不能在社会大众层面形成共识；如果人们不能自觉地推动新的文化要素与传统有机整合，而是借宽容多元之名，将新的文化要素另立山头，甚至与传统形成对峙，如此等等那么不仅新的文化要素无法成为人们行动的自觉指导，像传统所起的作用那样，而且传统也会因为缺乏人为培护而成为没有灵气、无所施用、遭人厌弃的鸡肋。这不仅是传统的危机，是文化的迷失——因为文化没有达到以文化人的目的，而是让人无所适从；也是人的悲哀——因为失去传统的人或社会就成了真正意义上的游魂。

　　对于传统及其文化如何实现稳妥而合理的转型发展，庞朴先生曾撰文指出："历史上有所谓文化危机、精神危机、信仰危机时代，那是说文化传统发生了问题。究其原因，或由于强烈的政治震撼，或由于深刻的社会变革，或由于风靡的文化干扰。其来源，主要来自共同体的内部；外部的刺激有时也起很大作用。危机的消除，有待于传统的重振和重组，任何武力的、政法的、经济的、宗教的强制措施最终都是无效的。而所谓重振和重组，绝不是全面复旧，无视政治、社会、文化上的新局面；也不是作茧自缚，排拒一切驰入舶来的新东西。这时需要的是冷静分析，分析传统中哪些成分变得无理了，现实中哪些因素是合理的。抛弃不合理的，传统方不致一足落网而全身受缚；接受合理的，传统始得与现实相安于无事。这叫做'一切合理的，都应该成为现实的'（恩格斯）。"① 也就是说，只有作为文化载体的人建立起这样一种正确的认知，才有可能产生正确的文化创造活动。

2. 传统文化当代发展的几个主要问题

对于一个国家和民族而言，其传统文化的价值和意义绝不仅仅在于民族认同和文化自豪感、优越感，也不仅仅意味着一种资源和财富，更是维系民族生存和发展的精神基础。传统并不总是意味着过时和腐朽，相反更多的是意味着经历了时间的检验。中国传统文化是中华民族几千年知识、经验、思想的凝结和沉淀，具有重要的人文价值和意义。我们在继承先人传统文化的同时也在为后世创造着文化传统。随着时代和社会的进步，我们所面临的新形势、新挑战以及新问题也越来越多，因此，在民族复兴和实现可持续发展的总思路下，如何尊重和继承传统文化，又如何结合时代需要实现发展和超越，都是我们当前必须深入思考的重要问题。

文化具有传承性。简单粗暴地"推倒重来"和"全盘移植"都会导致文化断裂，从而出现"消化不良"的现象，因为所移植来的外来"先

---

① 庞朴：《文化传统与传统文化》，《中国社会科学季刊》1993年第4期。　　107

进文化"并非由本土文化生发出来的，正所谓无源之水、无本之木，其结果只能是邯郸学步、不伦不类。因此，作为中华民族立国之基、存续之本的传统和文化是构成中国文化软实力的当然核心。但传统文化的发展问题不能仅仅满足于学术界、思想界、文化界的自我言说，而必须走出图书馆、故纸堆，要推向社会，与社会现实相结合来解决现实问题，这样的传统文化才是活的文化，而不是摆在那里供后人瞻仰膜拜的"圣经"。而且，也只有通过在中国当代社会生活当中的重新发酵与成熟，传统文化才能再次确立其之于现实的深刻而广泛的影响力。

就当前来看，尽管研究与推动传统文化的发展已成为各方共识，并且进行了多角度、多层面的理论与实践探索，传统文化正在沿着上至信仰、中至学究、下至实用三条进路[①]向整个社会生活领域渗透，但是由于近现代以来传统文化在西方文化的猛烈冲击下遭到极大程度的破坏和解构，基本上丧失了主体性与话语权，因此当代处境颇为尴尬：一方面理论自信被动摇，使得当前的学术重建工作看似红火，其实艰难；另一方面，社会认同被消解，曲解误读、抵触排斥甚至是歪曲诬蔑传统文化的现象仍普遍存在。因此，在这种局面下复兴传统文化不仅要重拾传统的礼乐教化之法，更应该确立问题意识，排查漏洞、评估缺陷，才有可能进一步拨乱反正、修缮弥补，进而有所裨益于当代社会。

问题一：如何理解在当代社会发展传统文化？

这个问题包括传统文化究竟是什么，在当代社会为什么要发展传统文化，发展传统文化中的什么、以及如何发展等一系列问题。

第一，关于传统文化究竟是什么。严格地说，这是一个老问题，

---

① 就信仰层面而言，当前学界有蒋庆的"重建儒教"信仰说，康晓光的"复兴儒教"说，陈明的"公民宗教"说，彭永捷的"体制化儒教"说等；就学究层面而言，近几年来包括中国人民大学、清华大学、武汉大学等都相继成立了国学院，而民间规模大小不一的书院、精舍也如雨后春笋般勃然兴发，相关的研究院、研究中心更是不胜枚举；就实用层面而言，儒学的制度建设不仅有蒋庆对于儒家治国方案的具体设计，更有张祥龙所提出的"儒家文化保护区"的设想，还有赵法生等人在山东所进行的"乡村儒家实践"等。

同样也是歧义诸多、众说纷纭的问题。但有一点是学界共识，即中华传统文化是以先秦诸子为源头，以儒家思想为主体，儒道互补，在历史进程中不断发展完善的庞大的文化体系。① 美国文化学家克罗伯和克拉克洪指出，"文化体系一方面可以看作是活动的产物，另一方面则是进一步活动的决定因素"②。正是依靠这个文化体系的支撑和衍化，中国古代社会不仅保持了相对稳定的社会格局，凝炼出独具特色的人文气质，还创造了卓越殷实的精神财富。可以说，中国之所以能够成为世界上唯一未曾中断发展的文明古国，其所拥有的博大精深的文化体系起着决定性作用。也是在这个意义上，我们回顾和反思近现代以来中国现代文明艰难的发展道路，不得不说，许多社会问题的产生都源于肢解传统文化造成的精神断裂。我们当下所讨论的传统文化大多只是保留了其物质的外壳，成为一种形式的存在，如经史子集、诗辞歌赋、中医戏曲、书画工艺、民间习俗等，而将这些物质形式统一起来的文化精神命脉却往往被刻意回避而逐渐疏远。这样的"传统文化"更像是人们如数家珍的静态收藏品，固然沉淀了时光之美，却也被禁锢于时光之中，难以跨越古今，成为灵动鲜活的民族生命之源。也因为如此，我们虽然有几千年悠久的文化积淀，是理所当然的文化资源大国，却很难说是文化软实力强国。也就是说，文化的存量资源与其成为发展动力并不是直接同一的，资源到实力，必须经过一个析分转化的过程。所以，在当代发展传统文化，推动文化的存量资源向文化软实力转化成为一个非常现实而紧迫的问题。

第二，关于为什么要发展。对于这个问题我们不能仅仅从"价值论"的角度来回答。就文化来说，价值论的评价标准往往无法摆脱功利的考量，会导致断章取义的"拿来主义"和急功近利的"实用主义"，其结果是文化沦为手段或工具，而丧失了其作为人类精神发展之精华的真正本质。不可否认，文化确实具有推动社会发展的功能，但是这

---

① 当然，必须强调的是，《周易》在先秦诸子思想的形成及传统文化体系的构建中具有奠基作用。

② 吴克礼：《文化学教程》，上海外语教育出版社 2002 年版，第 50 页。

种功能只有在坚持文化是人类精神力量的展现这一本质时,才会自然而然地发挥出来。① 换句话说,在当代发展传统文化,应当是基于传统文化包含了人类对人与世界及其关系——"道"的真理性认识。而且从根本上看,人类所面临的问题总是相似的。几千年来,不论科学技术如何发展、社会形态如何变革、政治制度如何更迭,人们所面对的基本问题始终逃不出各种"关系"——身与心的关系、人与物的关系、人与人的关系、人与世界的关系等等,在这些问题上,也始终不外乎"人同此心、心同此理",古今相似,中西相类。因而传统文化在当今社会仍然能够为不同现实情境中的人们提供关于存在与发展的精神指引和身心安顿。

第三,关于发展什么。在这一问题上,客观地说,仅用"糟粕"或"精华"来区分和评价传统文化,不论标准如何都有生硬切割的嫌疑。文化具有传承性,同时也具有时代性。不同时代的文化都要反映其所处时代的现实,回应所处时代的需要。因此,试图套用某一特定的文化模式解决各个时代的所有问题,就会作出"糟粕"或"精华"的判断,这是对古人的求全责备,当然有失公允。这就好像河水从源头出发时往往是"清如许"的,但是随着经过的路途中地理条件的变化,河水就会不断带上这些路途中的地理特征。地理特征不同,所形成的河流特点也不一样。传统文化也是经历了类似的历史过程而成为当下我们所看到的模样的。但即便是泥沙俱下,黄河长江不仍然要流向大海吗? 所以对于传统文化我们所要坚持的是其如水的本质,客观宽容地认识其中存在"泥沙"的必然性,并且不断疏通其通向未来"地理环境"的道路,那么传统文化一定能够可持续发展,一定可以通向人类精神的汪洋大海。因此,我们应当建立这样一种认识:一方面,传统文化是一个有机整体,任何部分都是整体的延伸和不同方式的呈现,且无论"糟粕"或"精华"都是人类精神自然发展和自主选择的共同产

---

① 当然,也有学者认为文化对人本质力量的展现也是一种价值,是一种内在价值。参见陈卫平:《当代中国继承发展传统文化的若干问题》,《浙江社会科学》2003年第5期。

物；另一方面，传统文化是一个动态体系，每个环节都有自己的历史
发展进程，同时又与其他环节之间形成互动交流，处于不断渗透、作
用、变异和生成的状态。因此，在当代发展传统文化，应当避免简单
化倾向和单一性标准，要从坚持传统文化的精神本质的立场出发，选
择能够全面贴近当代人的生存需要和精神现状的文化内容与形式，重
建中国人生机勃勃的精神家园。

　　第四，关于如何发展。在这个问题上，断章取义、急功近利不可
取，舍本逐末的形式主义同样没有未来。断章取义、急功近利地发展
传统文化，目的是唯我所用，解一时之困；而形式主义地发展传统文
化则会纵容阳奉阴违、欺世盗名的恶劣行径。两种发展模式都不得要
领，甚至会对传统文化造成损害。作为本民族生命力的源泉，"民族
文化中最根本的东西，它的灵魂、它的核心内容和实质标志，则是这
个民族自主地生存发展的权利与责任。……任何一个民族，如果丧失
了对自己文化权利与责任的担当，那么不仅意味着这个民族的文化将
消失，而且意味着这个民族主体历史的终结"[1]。因此，在当代发展传
统文化，必须建立起文化的主体意识，即人不仅是文化的创造者、继
承者，而且是文化的载体或文化本身。生活在不同的历史情境当中的
人，既有着共同的精神诉求，也有着个性化的时代需要，正是基于这
种共性与个性的统一，从本质上说，追求人的精神发展就能够推动文
化的发展，或者说发展传统文化就是要在现实社会生活中接续中华
民族精神发展的当代史，就是要"把前人的成就当作自己的基础，把
前人的失误当作自己的教训。……努力实现传统文化的创造性转化、
创新性发展，使之与现实文化相融相通，共同服务以文化人的时代
任务"[2]。

　　第五，理论与实践应两者并重。清谈容易实践难，发展传统文化
真正的难点在于由现实的复杂性而导致的实践之困境。即使是能够很
好自洽的理论在付诸实践时还是有很多的工作要做，会遇到各种各样

---

[1] 李德顺：《怎样科学对待传统文化》，《求是》2014 年第 22 期。

[2] 同上。

的问题。因此需要我们充分把握形势，客观评估条件以及合理制定策略。世间万事万物，如老子所说，皆由"道生之，德蓄之，物形之，势成之"(《道德经·第五十一章》)，因此在当代发展传统文化无论是目的的确定，还是内容和方式的选择，都应当遵循这样一种尊道贵德的原则，因时因地制宜，顺势而动，应世而生。重清谈轻实践则于事无补；重实践轻理论则事倍功半。因此我们在发展传统文化的过程中应当理论与实践并重，相生相长，相得益彰。

问题二：传统文化与当代社会现实的隔膜。

如果说传统文化包含着对人与世界及其关系的真理性认识，那么，究竟什么原因导致传统文化不能充分融入当代社会？为什么传统文化在当代更多地是呈现游离的分子或分子团的状态，而无法整合成一个完整的文化体系，对中国以及整个世界发挥其文化塑造的功能？传统文化与当代人的精神之间究竟存在怎样的隔膜？很明显，这些问题的实质是传统文化的现代性问题，它既包括传统文化与当代中国社会现实的关系，也包括传统文化与现代西方文明的关系。它是第一个问题的衍生问题，也是一个没有彻底解决的老问题。

传统文化是一个历史的生成，当然带有历史的痕迹，但是历史与当代并不是断裂的，"当代中国是历史中国的延续和发展，当代中国思想文化也是中国传统思想文化的传承和升华，要认识今天的中国、今天的中国人，就要深入了解中国的文化血脉，准确把握滋养中国人的文化土壤"[1]。我们常说缺少什么才会要求什么，习近平同志提出"要深入了解中国的文化血脉，准确把握滋养中国人的文化土壤"，就意味着当前我们对中国的文化血脉了解不够，对滋养中国人的文化土壤把握不够。事实上，近现代以来，传统文化在受到连续的摧毁性打击之后，不仅丧失了在国家意识形态的核心层面的统治地位，而且在社会生活层面也基本上被清洗得七零八落。

具体到当前所面临的社会现实，一方面，传统文化及其精神虽然

---

[1] 参见2014年9月习近平在纪念孔子诞辰2565周年国际学术研讨会暨国际儒学联合会第五届会员大会开幕会上的讲话。

因其强大的生命力几经摧残却不绝如缕，但也在一定程度上失去了完整性、系统性和正统性，成为可以随意曲解、抹黑、篡改的大杂烩。一些非真正传统文化的东西打着传统文化的幌子四处招摇贩卖，如在中医中药方面，一些似是而非的所谓"宫廷秘方""祖传秘药"堂而皇之地在社会上流行，对民众身心健康造成了严重威胁。这些鱼目混珠的现象在曝光后往往加剧了人们对传统文化的质疑，使传统文化与当代人的现实需要之间的阻滞更加明显。另一方面，在当代社会，除马克思主义作为主流意识形态统领社会发展之外，多元文化的发展使得更多不同流派不同观点的西方文化思潮"你方唱罢我登场"，对社会民众的行为心理产生了不同程度的影响。而由于缺乏了传统文化的底蕴和相对稳定的评价标准，人们在观念与价值选择时存在严重的混乱甚至焦虑，历史虚无主义、价值相对主义、道德实用主义以及拜金主义、利己主义等在多元文化的包裹下冲击和干扰着人们的良知和判断。类似三鹿奶粉、地沟油、药物胶囊等暴露出的食品药品安全问题，"小悦悦"事件和"老人街头摔倒要不要搀扶"等社会公德问题等等都是当前传统文化教育缺失导致的国民精神面貌不健康的具体表现。

不仅如此，过去近百年来我们对于传统文化基本上是一种形而上学的保存，即保存在图书馆、博物馆的故纸堆里和一些知识分子的书斋里，而在民间人们对于传统文化的当代价值依然是茫然或质疑的，即使有所认可，也具有简单化、片面化，甚至断章取义的实用化倾向。比如将传统文化跟人伦关系联系起来，将传统文化中的"礼"理解为某种教条式的死规矩，而不是鲜活的观念体系和情感经验等等。在社会关系层面，随着现代生活的西式化，大多数人所奉行的也更多是一种西式的合理利己主义伦理价值，而对于传统伦理道德则或者认为已经过时，或者认为过于超越，总之是缺乏现实性。在政治生活层面就更鲜有人会想起传统的政治理想及其价值追求，或者说在当代大多数人的脑海中，传统的社会政治生活模式已经被覆盖，代之各种以实用为目的的、以计量为特征的投机性选择模式。人们甚至默许为了利益最大化，只要不触犯法律，任何行为都是可以的，这种主观上削弱道德层面的自我要求，把法律作为准则而不是底线的心态，本身就与传统文化关于义利关系的合理思想相去甚远。

可见，传统文化与当代现实之间的隔膜主要表现为，一方面长期以来我们对传统文化的打压和疏远导致了观念、信仰真空，而另一方面多元文化、多重标准又造成了选择困难。人们既迫切地需要建立可靠的价值标准，又对传统文化缺乏了解和认同。为此当前社会各界都非常重视对传统文化的宣传解释和引导教育工作。不仅专业系统内的学术活动越来越活跃，类似百家讲坛的通识教育性质的视频节目从中央到地方都有广泛响应。在书刊发行与网络文化方面，诠释和展现传统文化魅力的作品也成为人们关注的焦点。这都说明在当代社会普通民众当中都在呼唤传统文化回归，重建民族精神基础的愿望越来越强大。但是必须警惕的是，尽管发展传统文化必须消除其与当代社会现实之间存在的隔膜，但是也不能因此就放弃对传统文化本身精神特质的坚持，以一种"舍己从人"的态度牺牲原则去迎合世俗的需要。思想当然需要与时俱进，但是这种与时俱进不是"屈道应景"，而是从道出发对变化了的"景"进行重新分析和把握，以形成新的指导现实的思想观念；也不是"屈道应世"，为了所谓的思想得以推行而迎合世俗政治的需要或民众不合理的欲求，而是坚守道之本体，通过内容的调整和形式的创新来获得社会认同。那种走实用主义、功利主义路线的传统文化发展思路也许一时间能够风生水起，但是从长远来看，对于传统文化的发展绝对是有害无益的。

问题三：传统文化与当代中国马克思主义及其他主要社会思潮的关系。

传统文化与马克思主义及其他西方社会思潮之间的关系成为一个严峻而且必须面对的问题始于近现代中国社会发生的"三千年未有"之变革。在当时中国社会生活各个层面均遭受"落后就要挨打"的价值评估的情形下，传统文化作为古代政治、经济、社会活动的观念支撑，也被理所当然地打上了"落后"的标签，从此走下神坛，"迎"来了近百年所谓"摧枯拉朽"的批判、清理和改造。如果说传统文化就此断绝，那么也就不存在它与马克思主义及其他西方社会思潮之间的关系问题了，然而传统文化毕竟是中华民族的精神命脉，民族不死，文化不绝。尽管在表层的社会生活当中传统文化失去了它的领地，被抑制了它的功能，但是在最基本和核心的民族文化心理层面上却始终保留着一线生机。这也就是马克思主义与其他西方社会思潮在进入中国之后都必须面对"中国化"问题的根源所在。

不论是从中国化的马克思主义还是其他西方社会思潮落户中国形成的"变种"，我们都能深刻感受到传统文化仍然强劲的文化塑造力量。正如陈卫平在《当代中国继承发展传统文化的若干问题》中所提出的，马克思主义与传统文化之间是一种相互作用的关系，一方面马克思主义必须在变革和融合传统文化的基础上才能完成马克思主义中国化，另一方面"传统文化作为主体的观念结构的组成部分参与了对马克思主义的理解，也就不可避免地制约着马克思主义中国化，即在对马克思主义的理解中渗入了传统观念或意识"[1]。同样的情形也出现在其他西方社会思潮进入中国后的理论变化中，如西方自由主义与儒学在批判与交锋中结合而形成的自由主义儒家和儒家自由主义。还有一部分西方社会思潮则是因为与传统文化或传统哲学在思想层面具有共通性而被介绍和引入中国，如后现代思潮、西方社群主义思潮等。可以说，西方民主政治思想及其各种政治思潮都是在与中国传统政治思想的互动中建立起在中国的影响的，而那些没有能够通过中国传统文化"过滤"的或者直接被"拿来"就用的理论基本上都被淘汰了。所以传统文化与外来文化之间始终保持着一种张力，这种张力的存在总体来说是积极的，当然也有"扭曲"外来文化，将之引向歧途的可能性。[2]

此外，还需要注意的是，尽管传统文化在这种文化交流互动中逐渐从一线生机中重新蓬勃起来，但是并未真正占据社会观念的主导

---

[1] 陈卫平：《当代中国继承发展传统文化的若干问题》，《浙江社会科学》2003 年第5 期。

[2] 同上。

权，甚至如前所述，由于当代中国人对于传统文化更多抱有怀疑或实用的心态，而整体的文化自信心却相对较低，因此传统文化在社会上有时是以一种并不健康的方式或异化的形式存在的。同时，西方文化及其生活方式则在很大程度上成为当下社会民众的主要坚持。这种现象与近现代以来我国思想界、文化界以及政府在对民众观念进行引导的过程中存在的片面性和独断性有着很大关系。正如彭永捷教授所提出的，文化是多元的，所以我们不拒斥外来的思想、文化。但是我们允许释迦牟尼、耶稣、安拉进来作客，不等于要把作为主人的孔子驱逐。在思想上，我们张口古希腊，动辄康德、海德格尔，言必称西方，一讲理解传统就讲"诠释"，而所谓的"诠释"却往往是拿西方的理论来"规范"自己的传统。用后现代的后殖民主义理论来说，我们当前正处于文化上的"自我殖民"状态——崇尚西方文化而自贬传统文化。这样一味移植西方学术话语体系使得我们逐渐丧失了文化的主体地位和话语权，而我们的学者也由此变成了"文化买办""思想买办"。同时，经过这些"文化买办""思想买办"的"诠释"，真正的传统也在人们的社会生活中逐渐被"稀释"、模糊和异化。试想，如果我们自己的文本不再产生思想，我们的传统文化不再有活力，和当代社会生活之间没有生成关系甚至没有联系，那么文化的传承、发展，甚至是创新将从何谈起？

问题四：传统文化如何能够被当代人学习、理解、继承和发展？

无论我们是将传统文化视为一种静态的既有资源，还是视为一种不断发展的观念体系，都必须通过后人的学习、领悟来实现继承和发展。然而就当前国内各级正规教育来说，传统文化在基础教育阶段除了语文课堂、历史课堂略有涉及，高等教育阶段除了文科专业方向之外，大多数都没有起到真正的传承和弘扬的作用。即使在有限的教育环节，对传统文化的学习和理解也相当"僵化"或者片面，既隔绝了传统文化与现实生活的鲜活联系，也缺乏系统的一以贯之的教育培养。专门的精英教育尚且如此，非正规的社会教育方面更是缺乏恰当的解释、合理的引导。而不通过教育，人们就无法完成对传统文化的理解，当然也就不可能有认同、尊重和发展。而且由于缺乏正确认识，运用起来往往断章取义、各取其利，其结果不仅抹杀了传统文化本身的合理性和特有价值，同时也难以达到对行为和社会生活的积极影响，反过来这种消极影响又必然强化人们对传统文化的误解。这就造成了恶性循环。

那么究竟如何才能实现对传统文化的学习、理解、继承和发展呢？

首先，我们必须清楚地意识到，传统文化是本民族特有的思维方式、观察视角、话语体系等共同作用的产物，因此，理解、继承和发展传统文化必须建立在能够被学习的基础上。换句话说，我们必须重新认识古代文字及其表达方式，学习和掌握文言文的表述及其特点，从基本常识，如字词构造等古代小学基础入手，向全社会建立和推广专门的传统文化学习体系。我们不能将传统文化狭隘地理解为某个具体的方面，比如唐诗宋词、传统工艺等等，在孔子时代，它是囊括了关系人的成长的"六艺"之学的完整教育体系，既包括了文字和思维，也包括文学艺术、政治宗教、道德法律、社会百态等等，不进行系统学习，绝对无法领略传统文化的精神内涵与大美境界。对此，我们不能仅仅从实用主义或功利主义的立场考察系统学习传统文化的必要性，而必须从夯实本民族的文化根基，重建本民族的文化心理的立场认识这一问题。

其次，在有规划地学习传统文化常识的基础上，高等教育阶段还应当重新建立完整科学的学科体系。中国传统的学科体系是以经学为核心构建的，因此围绕注经形成了义理和考据两个大块。但是以经学为核心来构建学科体系，容易使思想禁锢于经典，而忽略了传统文化最根本的理论旨趣。近代中国哲学之所以在与西方哲学的竞争中失势，很大一部分原因可能在于传统经学的学科体系逐渐僵化、自我束缚。特别是清代以后由于清政府采取文化压制政策，以文获罪禁锢思想，结果在学术界义理之学式微，考据之学兴盛。这种人为地将思想实体化、对象化、静止化的发展思路实际上放弃了传统文化的根本精神，关闭了思想发展的动力，阻碍了思想服务社会的现实功能。因此，当前发展传统文化，学科体系的重建是一个重要环节。新的学科建构需要兼顾理论与实践两个方面，即既要读经，也要读史，同时还应该关照现实。在继承发掘传统文化当代价值的基础上，以现实问题为导向，道器相迎、本末相参、相互启发、互为支撑，共同推动传统文化与现实的有机结合，重新确立传统文化在实现民族复兴与可持续发展中的基础地位。

再次，我们必须树立正确的文化观，即文化不仅是静态的资源，更是活的生态。我们不仅要学会发掘利用资源解决现实问题，更需要激活生成资源的文化生态，使传统文化资源得以可持续发展——不仅延续古典传统文化之精神，而且为后代创造新的传统文化资源。为此，我们还需要切实地建构能够保存、涵养和培育文化传统的大生态，为其一飞冲天做好准备。张祥龙教授曾提出建立儒家文化保护区，其设想也就是基于当前传统文化基础尚为薄弱的考虑，主张通过潜心培育和扶持使之逐步强化，让本民族的传统文化以其"独特性和创新性（阴阳对交而出新入时）在现代人类最关切处闪发出来，用活生生的真理和希望来吸引人"①，从而真正能够以独立的主体立场参与世界文化对话。

最后，文化的发展本质上依靠创新。张岱年先生曾指出："文化发展的关键在于创新。文化的发展不能仅仅重复久已流传的真理，而要解决前人没有解决的问题，突破前人的局限。"在他看来，"由《易传》生生日新学说引申、转化出来的创造精神"正是实现传统文化现代化必须的思想品质，"世界是富有而日新的，万物生生不息。'生'即创造，'生生'即不断出现新事物。新的不断代替旧的，新旧交替，继续不已，这就是生生，这就是易"②。具体来说，这种"生生不息"的文化

---

① 张祥龙：《大陆新儒家的处境及其社会——政治取向》，《云南大学学报》（社会科学版）2011年第6期。

② 张岱年、刘仲林：《铸造新精神 建设新文化——千年之交新文化瞻望》，《天津师范大学学报》（社会科学版）2000年第1期。

创新活动有两个核心方面，一曰转化，转化的创新是以服务现实为目标的，即根据当代中国的现实需要从传统文化已有资源当中转化出能够促进当下现实发展的价值观念和思想基础；二曰生发，生发的创新是以展现当代人的文化创造力为目标的，即继承和运用传统文化独特的观察视角、思维方式、观念基础，用自己语言去解释世界，用自己的思维去理解世界，回归传统文化本身的立场，呈现中国特有的文化视野，为当代中国及世界提供中国特色的价值体系。

3. 传统文化与当代文化复兴的基本思路

"阐发中国文化的价值，维护中国文化的自信，必须从学术上进行辨析，这是化解文化危机的重要方面，也是畅通民族文化生命的关键。文化观的问题必须用文化观的分析和论辩来解决，文化观的问题不解决，思想的重建、历史的研究就没有基础。……中华民族的复兴即是中国文化的复兴，中国文化的复兴主要是儒家思想的复兴，而儒家思想的复兴，最根本的用力之处是学术建设。从而，学术建设成为这个时代儒学的根本使命，学术儒学也成为这个时代儒学发展的特色。"①所以，推动儒学的学术建设，重塑文化观念是当代实现传统与文化复兴的必由之路。

在中华文化观念当中，思想的价值即在于其对人与社会发展的根本之道的揭示，在于其为这种揭示的不断更新和发展找到了一个根本且独特的视角，在于其恰当地（与时偕行地）呈现"道"本身。作为中华文化的代表，儒学无论在过去还是现在，要成为时代的思想，其根本就在于它应当是"道"的呈现。"道"是普映万川之月，儒学之生命力就在于能够在任何时代驳杂的现实中抽丝剥茧，找到现象背后的问题，问题背后的根源，根源背后的道之运行，然后将它呈现出来。这既是儒学（中华文化）的存在价值，也是一切人类理性的存在价值。

---

① 陈来：《20 世纪儒学的学术研究及其意义》，《文史哲》2011 年第 1 期。

所以说儒学的本质就是弘道之学,而当代儒学研究所讲的"返本开新",其实质应当是返"道"开新,是使"道"在新的时代现实中以新的思想体系和新的制度体系呈现,是为"道"赋予新的理论和制度载体。这里不妨借用佛教对语言的利用立场来帮助理解。在佛教中,世俗语言与佛之第一义谛之间的关系并不是同一的,语言的利用必须依据对义谛的更好传达。而这种更好的传达又是因时、因人而不拘一格的。因此我们当下谈论儒学的学术发展、研究传统与文化的复兴,绝不是为了发展而发展,为了研究而研究,也不是为了让它看起来趋向某种预先确立的好的标准,比如西方的现代化标准或民主政治标准,而"是为仁义之道寻求实现自身的当代方式"①。

(1)应乎现实返"道"开新

众所周知,近现代以及当代儒学的发展大多是围绕儒学的时代性问题展开的,不论是相对于时代的适应性还是对时代的贡献力,这种思想发展的视野,"既无法(也不能)摆脱现代性的情感表达,更不能无视当代性问题的现实需求,现代性问题与当代性问题在新世纪大陆新儒家处形成了纠结,此纠结也被学者表述为'两歧性'"②。当前儒学界普遍认为,儒学的当代及未来发展需要在思想与现实互相确证的过程中展开。现实是庞大而复杂的,因此思想也当然是多维而错综的。此即儒学研究在当代呈现出不同层面和不同路径发展的根本原因,并且确实很难说有哪一种思想进路提出了化解"两歧性"纠结的理想方案。

作为儒学之于当代最重要的存在形态,儒家政治思想是儒学对现实政治与社会改革及其发展给予的正面回应。近40年来,儒家政治思想研究取得了不断的突破,从80年代的"学大于思"到90年代的"思大于学",再到新世纪的思与创齐头并进,儒家政治思想乃至整个儒学的研究都进入到一个从纯粹的学术研究逐渐过渡到积极的现实参与的阶段。不仅如此,儒家政治思想研究在当代的地位突显既不是异

① 彭永捷:《论儒家政治哲学的特质、使命和方法》,《江汉论坛》2014年第4期。
② 崔罡等:《新世纪大陆新儒家研究》,安徽人民出版社2011年版,第32页。

军突起，也不是孤军深入，它依赖于整个儒学体系提供思想支撑，是儒学各个面向上的密切配合和一致行动的结果。因此我们可以看到，围绕儒家政治思想这一主线，儒学研究领域，包括经学、礼学、史学、考古文献学等近十年来也都涌现了不少有价值的研究成果，它们都从各自的研究方向为儒家政治思想的当代演绎提供了论证和说明，产生了如张立文的和合学、牟钟鉴的新仁学、陈来的仁学本体论、郭沂的道哲学、吴光的民主仁学、梁涛的新道统等等新体系。同时这些新产生的理论体系及其所提出的观点主张又为其他儒学研究者所研究和分析，形成了蔚为大观的百家争鸣的发展态势，其中不乏有见地的思考。如彭永捷认为，儒家政治思想研究应当"重视从古代来认识和解释当代"的维度，通过研究儒家政治思想史，一方面"让我们了解和理解古代思想家如何思考和处理政治问题，了解他们的问题、话语和思维方式；另一方面，我们也在这个过程中逐渐尝试以古代思想家的致思方式和价值立场，来理解、看待、评价当代的政治问题"①。再如被称为"战斗的保守主义者"的"海上新儒家"曾亦、郭晓东等学者，他们站在超越政治儒学的"制度化焦虑"的立场，试图从新的视角考察传统儒学与传统政治实践，发掘儒家政治思想与现实政治制度之间所具有的自洽关系，从而完成对传统政治制度正当性辩护——这种辩护自然也就成为对儒家政治思想的价值辩护。从这些思想争鸣中，我们可以看到当代儒家政治思想研究正在发生某种转向，一种超越时代性、追求儒学价值之根本依据的转向，同时也可能是一种真正有利于实现儒学思想与时代和解的转向。

就理论方案来看，主要的目标是重新建立儒学与现代民主政治及其社会理念当中合理要素之间的关系架构，确立儒学作为一种思想资源对于解决当下时代性问题的独立价值。主要思路是分三步，一是批判与解构，二是正本清源，三是观念重塑。

第一步，通过反思批判与解构，将民主、人权、自由、平等等现代

---

① 彭永捷：《论儒家政治哲学的特质、使命和方法》，《江汉论坛》2014 年第 4 期。

政治概念及其理论当中内含的社会现象的本质要素提取出来。新阶段的反思性的研究工作不仅需要进一步反思现代政治概念及其理论的内涵,还要对它们进行分析与解构,还原其现象本质,同时还要反思它们在已有的政治实践当中呈现的理想目标的偏离,进而反思它们作为当代政治生活问题的浓缩的合理性。这是一个由理论的抽象回到现象的具体,再由具体的现象上升到抽象的本质的解析过程。最近几年在这一方向上有不少儒家学者已经进行了深入而卓有成效的研究工作。如,白彤东曾撰文指出民主的四大根本问题,提醒人们警惕在"一人一票制"所代表的民主制度背后存在的泛滥的民意与被其所宰制的粗糙政治现象。① 而在人权问题上,陈祖为提出应当将这一观念从西方特定的自由主义、个人主义哲学背景下解放出来,赋予更加普遍性的意义,因之形成与儒学关于人的权利的思想进行有效对接的前提。"我们需要将人权观念和近几个世纪中发展出来的、与之相联系的教义或者哲学疏离开。尽管西方的自然法理论和各种各样的自由主义思想对人权的发展作出了很大贡献,……但是,不假思索地就将二者等同起来,则肯定是错误的。"② 这些研究结论和观点有利于学者进一步厘清事实,拓宽视野,更为客观全面地理解现代政治实践及其理论。

第二步,所谓正本清源,简单地说,一是要明确什么是"本",什么是"源",二是要重新确立"本"的主导地位,清理"源"的旁枝末节。具体工作,一方面是为儒家传统政治思想及其实践辩诬、解蔽、正名。针对近代以来对儒学时代性的质疑为儒学"做无罪辩护或轻罪辩护,以及为自身具备回应现实挑战的能力做辩护"③,展示在儒家传统政治思想的影响下形成的传统政治制度有着与过去人们所认为的不同的事实。包括专制、极权与儒学的关系问题、人治法治的辨析、政道与治道的区别,以及一些重要的传统政治思想要素,如民本、礼制、

---

① 参考白彤东:《主权在民,治权在贤:儒家之混合政体及其优越性》,《文史哲》2013年第3期。
② 陈祖为:《儒家思想与人权》,《学术月刊》2013年第11期。
③ 彭永捷:《论儒家政治哲学的特质、使命和方法》,《江汉论坛》2014年第4期。

精英政治等都需要从一个更为客观的视野进行深入探讨和重新论证，从而消除人们对于传统社会政治思想及其制度的误解，认识到儒学并不天然代表着落后的社会政治思想，其实践也并非旨在维护政治极权，其政治思想的旨趣有着更为高远的目标等等。

另一方面是准确全面阐释"道"。从准确阐释来说，越是在当前儒学及中华传统文化蓬勃发展的形势下，越要强调对"道"的内涵及其思想意义的准确表达。客观地说，儒学在当代尚不具备坚实而深厚的社会基础。如果只是为迎合大众或跟风形势而随意、实用地作片面的断章取义，而忽视了"道"在本质上的严肃性与真理性，长远来看必将造成对儒学及中华文化的进一步破坏，进而阻碍儒学及中华文化对人与社会的健康发展发挥积极影响。所以应当对文化市场、教育领域进行规范和整肃，及时纠正任意性的"我注六经"式的表达，还"道"之正本与清源。就全面来说，要加强文史哲多学科之间的相互支持，围绕"道"这一中华文化最核心的范畴进行多层次多方向多领域的揭示。儒学有其自身独特的发展规律，在历史上一直是文史哲不分家，现代精细化的学科体制从某种意义上也是造成学科间壁垒森严的主要原因，对于需要从不同角度阐述统一之"道"的儒学来说并不具有优越性，因此，在当代发展儒学不能是某一领域异军突起，或某一方向上孤军深入，而需要依赖整个儒学文化体系包括经学、礼学、史学、考古文献学等提供思想支撑，需要儒学各个面向上的密切配合和一致行动。

第三步，观念重塑就是要将在第一步中解析出来的社会政治现象的本质性要素重新置于儒家文化的视野之下加以考察，建立符合儒学精神的政治哲学范畴体系，进而构建具有儒学气质的政治哲学思想体系。当下，那种继续"在现代性的制度框架之内寻求儒家的位置"的柔性思路已经不适合当前儒学的发展，我们需要更加注重用儒家自己的眼睛，从儒家自己的价值立场和政治传统认识社会现象，探索具有中国文化特色的合理思路，为解决人类及其社会发展所面临的严峻问题提供有说服力的方案，即由儒家思想体系的内部创制出更加优良的社会政治模式，引领人类社会的未来走向。正像白彤东在其《主权在民，治权在贤：儒家之混合政体及其优越性》一文中所说，我们要"发掘儒家理想政体与自由民主之不同，并进一步给出这种政体优越性的论证"，这种"优越性论证，乃普适性论证。这里的儒家理想政体，无论对于儒家、中国人，还是对于世界上所有人都是更好的"①。

总之，儒家政治哲学的未来发展恐怕首要的是要打破现实的囿限——不仅是以现实作为思想评价标准的囿限，而且是以现实作为思想存在意义的囿限。现实与思想各有其发展线索，并不是完全同一，也不必要完全同一，它们之间更像是一种相互追赶的关系。思想与现实之间存在着"自然"的生成关系，而非思想自由地选择现实或者现实必然地决定思想。所以，思想应当与现实保持一定的距离，它不应当只是为一时之政治而服务或存在的，它的理论旨趣应当是为万世开太平的。变动不居的现实之"用"不可能涵盖甚至代替不易之道"体"。因此儒学在中国古代社会的历史之"用"，也只是道"体"曾经的存在方式，而不能为当代社会提供恰到好处的指引。儒学之发展就在于为不易之"道体"于变易之"实用"中的呈现提供论证。从这个意义上说，儒学的当代发展更多的不是深度上的，而是广度上的，是为了在当代出现的更广泛的"事物"中为人们揭示道之流行。也就是说，当代儒学包括儒家政治思想研究的根本任务就在于真实且更好地呈现儒学关于人与社会发展的大智慧，以作为世界观念意识体系的一个重要组成部分，为人们提供一种切实的价值选择。

就实践层面来看，思想的价值需要在为现实服务的过程中得到体现和确认。儒学之价值则表现在"为仁义之道寻求实现自身的当代方式"②中。历史上儒学之所以能够确立在意识形态领域的主导地位，不只是由于儒学思想本身具有强大的感召力、说服力，还由于形成了一套层次分明、结构合理、效能强大的实践推进体系。这套推进体系可

① 白彤东：《主权在民，治权在贤：儒家之混合政体及其优越性》，《文史哲》2013年第3期。
② 彭永捷：《论儒家政治哲学的特质、使命和方法》，《江汉论坛》2014年第4期。

以大致地分为三个分系统。其一是政治系统，其二是教育系统，其三是社会系统。政治系统解决儒家思想的制度化问题，教育系统解决儒家思想的传承问题，社会系统解决儒家思想的生活化问题。这三个系统相互配合，上有国君推行，中有文人传播，下有百姓伦常日用，整个社会构成了一个结构完整、步调一致的儒家文化生态圈，使得每一个处于这一文化生态中的人都能够"自然而然"地接受儒家文化及其精神的熏陶和滋养，形成儒家文化人格，进而成为儒家文化的自觉载体。

在当下，儒家文化生态已经支离破碎、所剩无几，儒家文化的社会影响也基本上局限于学术领域，而这种小范围（文史哲）的学术研究与原来庞大的教育系统当然是不可同日而语的。要重建儒家教育文化系统不仅是高等教育，而且基础教育、社会教育等都需要同步推进。在高等教育系统内，文史哲应当拆除壁垒，不仅要在招生、教学等方面强化国学通识教育，在学术研究领域也要强调共享资源协同攻关。传统文化广泛涉及文学、艺术、伦理、中医等各个方面或领域，其本身是极具感染力和生活情趣的，对人的个性、精神等都具有很好的塑造作用。因此在基础教育与社会教育方面应当特别重视修身养性的人格教育，要遵循传统文化的传播特点，针对青少年与广大群众不同层次和方面的文化需要，组织生产和提供高质量的文化产品和服务，在全社会逐步形成对传统文化的理性认知和认同，这是构建儒家文化生态的重要基础。当然，要将思想与现实重新接续起来绝非仅凭教育系统的文化传承一个方面的作为可以实现，还必须配合重建儒家政治文化系统与儒家社会文化系统。

就重建儒家政治文化系统来说。首先必须认识到这并不是恢复儒学的传统政治地位。我国的主流意识形态是马克思主义，政治文化系统当然也要以马克思主义为主导。但是以儒家文化为核心的中华传统文化是中华民族的文化命脉，民族复兴首先是文化复兴。从这个意义上说，重建儒家政治文化系统就是要重视"从古代来认识和解释当代"的立场，通过研究儒家政治思想史，一方面"让我们了解和理解古代思想家如何思考和处理政治问题，了解他们的问题、话语和思维方式；

另一方面，在这个过程中逐渐尝试以古代思想家的致思方式和价值立场，来理解、看待、评价当代的政治问题"①。通过这样一个将现实接引到历史逻辑中的思想方法，将儒家政治文化当中具有真理性的内容和具有现实合理性的内容提取出来，构建以儒家人文精神为核心，与时代需要相符合的思想体系、伦理体系，制度体系，使之作为主流意识形态系统的资源补充和文化支撑，作为人们参与社会政治活动的行为准则和价值追求。

重建儒家社会文化系统对于重建儒家文化生态至关重要。儒学的根基在百姓日用。没有大众对儒学和中华传统文化的喜爱、支持和实践，不可能重建儒家文化生态。30 多年来在学术领域，儒学确实呈现复苏和蓬勃发展的趋势，但是在民间，人们对于儒学的当代价值依然是茫然或质疑的，即使有所认可，也具有简单化、片面化，甚至断章取义的实用化倾向。在社会关系层面，随着现代生活的西式化，大多数人所奉行的更多的是一种西式的合理利己主义伦理价值，而对于儒家伦理则或者认为已经过时，或者认为过于超越，总之是缺乏现实性。在政治生活层面就更鲜有人会实践儒家的政治理想及其价值追求，而多以实用为目的的、以计量为特征的投机性的选择标准。显然，在这样一片缺乏维护、杂草丛生的精神家园上播种并且期待收获，这颗种子不仅需要具有顽强生命力和卓越适应性的"坚硬的内核"②，而且必须要有扎实有效的推进系统和推进机制。目前已经在做并且社会效应比较明显的有以下几种方式：

一是书院制教育。自 1997 年蒋庆在大陆创办"阳明精舍"以来，各地陆续兴办文化书院。这些书院招收学员的对象来自各个阶层，大多以开展学术交流、传播儒家文化（也包括其他传统文化）为主，不仅有经典的教育与学习，而且通过琴棋书画等各个方面对学员们进行熏陶和涵养，对于加强传统文化修养起到了重要作用。一些大学也开始

---

① 彭永捷：《论儒家政治哲学的特质、使命和方法》，《江汉论坛》2014 年第 4 期。
② 刘晓竹：《孔子政治哲学的原理意识：思辨儒学引论》，中国妇女出版社 2003 年版，第 22 页。

恢复和尝试创新式书院制教育模式①，通过对学生进行书院式的学习与生活管理，使他们浸润在传统教育模式的文化氛围当中，自然地形成对传统文化的亲和心理。

二是网络传播。随着互联网在中国的快速普及和壮大，大陆的学术研究也进入到网络时代。一些学术机构甚至是学者个人都参与到网络学术交流平台的建设当中，学术网站、学术论坛、豆瓣、学者博客、微博、微信等等都得到了充分利用。虽然当前还难以获得具体的统计数据，但是可以肯定的是互联网上的学术思想交锋交流非常活跃，特别从研究成果质量上看甚至有超越纸媒期刊的趋势。

三是乡村儒学建设。广大农村是中国社会的基础。传统儒学曾经深刻塑造了中国乡村社会生活的整体面貌，使农村成为城市人才输入的重要基地。然而近代以来，特别是改革开放以后，中国乡村社会发生了巨大变化，经济、政治、文化、教育、生活保障等各个方面均远远落后于城市，不仅丧失了其作为城市发展调控器的功能，农民的生存发展境况也堪忧。一些儒家学者认为这种局面的产生与儒家抽离乡村社会有着重要关系，因此他们深入到传统文化基础相对深厚、民风相对纯朴的农村开展免费教育活动，定期向当地村民宣讲儒学，以儒家道德重建乡土文明，以期重新启动儒家传统的乡村建设。他们的尝试产生了较好的社会反响，为我们重建儒学文化生态提供了一个很好的思路。

四是礼文化重建。礼是儒学实现思想与现实沟通的重要媒介。儒家礼文化不仅包括理论层面的礼学，也包括实践层面的礼制。礼学与礼制互为表里、相互支撑。在传统社会，执政者不仅要学习礼学，更要将礼制贯彻到实际政治活动中；学者不仅要学习礼学，更要遵循礼

① 2005年复旦大学就已成立"复旦学院"，在此机构下包含了4个以四位复旦老校长的名字命名的书院，面向大一新生提供通识教育。2012年8月6日正式宣布，在全校本科教育中全面推行住宿书院制度。西安交通大学自2008年开始设立了八大书院，并贯通本科四年级，覆盖全校本科生。2011年苏州大学也开始试行书院制管理模式。而香港中文大学，书院制已经实行近半个世纪。这些书院虽有别于传统书院，但也可以算得上是一种创新式恢复。

制的要求立身处世；普通百姓则在遵循礼制要求的过程中领悟基本的礼的观念，即通过执礼行礼，将礼的本质和精神融入到人格品性当中。这就是礼文化对人的精神面貌的塑造作用。因此重建礼文化具有重大社会意义。儒学复兴以来，儒家礼学在学术层面得到了广泛的探讨，同时一些文化标志比较明显的礼仪也开始恢复。国家层面的祭孔、民间性的祭典或礼仪活动，以及一些大学开设儒家礼仪课程或举行礼仪活动等等都在一定程度上推进了礼文化的重建工作。

总之，要实现儒学的"真实复活"，必须"深入到实际的生活结构、特别是家庭—家族结构、自然生态结构和技术及教育结构中去"，"让自己的学说中的独特性和创新性（阴阳对交而出新入时）在现代人类最关切处闪发出来，用活生生的真理和希望来吸引人"，重建"健全的儒家生态"[1]，构建向上"建信仰"，中间"立观念"，向下"塑准则"的错落有致的发展格局，将包括儒学在内的中华优秀文化整体推向社会。

（2）回归传统文化的"正"治立场

有学者指出[2]，自经学解体以后，中国社会就进入了麦金太尔（Alasdair MacIntyre）所谓"认识论危机"的时代。这个时代的特征是：传统思想体系被消解殆尽，原有的"历史地建立起来的信念"也消失了，整个社会陷入意义迷失和存在焦虑之中。按照麦金太尔的分析，要解决这种"认识论危机"，重建新的理论支撑，必须同时满足下列三项要求：一是以系统性和连贯性提供整套的解决方案，二是对原有传统之无能的根源性作出说明，三是要找到新的结构与传统探究之间的某种基本的连续性。[3] 按照我们前述分析，传统文化在本质上具有面向现实发展的内生动力，这种动力来自其对现实问题的关注以及对解决现实问题的合理方法的不断思考，即类的忧患以及忧患的解除，来

---

① 张祥龙：《大陆新儒家的处境及其社会——政治取向》，《云南大学学报》（社会科学版）2011年第6期。
② 程志华：《传统文化合法性问题辨析》，《文史哲》2007年第1期。
③ ［美］麦金太尔：《谁之正义？何种合理性？》，万俊人等译，当代中国出版社1996年版，第472—481页。

自于其"正"治的理论旨趣和实践品质。但是过去我们站在西方文化的立场上,对传统文化的研究往往是将其视为静态的研究对象,或者对其进行理论上的改造,或者对其进行资料性地梳理,而忽略了对这一思想千年不断、接续发展之根源的动态考察。因此,无论在形式上作出怎样的改变,或者在内容上怎样展现思想的精华,都难以在当下确立传统文化的合法性、主体性和现代性。正是基于这种认识,我们认为必须对以往的传统文化研究范式进行反思,必须跳出中西文化比较的研究框架,回到传统文化自身的理论视域和实践立场,如此才能完成对传统文化在当代的承续和发展。

回到传统文化自身的理论视域和实践立场,目的在于寻找传统文化理论的根本关注。从《周易》中,我们不难发现,传统文化根本关注的是"道"及其现实化。因而对"道"的认知和践行是传统文化最重要的两条思维路径:对道的认知路径是由虚到实,即由太极之生到万物之行:"道生一,一生二,二生三,三生万物。万物负阴而抱阳,冲气以为和。"(《老子·第四十二章》)"无极而太极。太极动而生阳,动极而静,静而生阴,静极复动。一动一静,互为其根。分阴分阳,两仪立焉。阳变阴合,而生水火木金土。五气顺布,四时行焉。五行一阴阳也,阴阳一太极也,太极本无极也。五行之生也,各一其性。无极之真,二五之精,妙合而凝。乾道成男,坤道成女。二气交感,化生万物。万物生生而变化无穷焉。"(《太极图说》);对道的实践路径是由小及大,即从治人(个体的人)到治天下:"古之欲明明德于天下者,先治其国;欲治其国者,先齐其家;欲齐其家者,先修其身;欲修其身者,先正其心;欲正其心者,先诚其意;欲诚其意者,先致其知;致知在格物。物格而后知至,知至而后意诚,意诚而后心正,心正而后身修,身修而后家齐,家齐而后国治,国治而后天下平。自天子以至于庶人,壹是皆以修身为本。"(《礼记·大学》)这一进路所成就的就是中国传统文化所谓治学、治身、治家、治国、治天下的一路贯通的"正"治思想。"正"治思想与现实的人与社会紧密相关,因时因地制其宜。因而我们认为它正是传统文化确立自身之于现代之合法性的根本依据。抓住这一根本，在这一框架下，不仅中国传统文化能够得以全面理解，而且能够内在地产生面向现实的解释力和行动力。

在中国传统文化的观念中，"道"是亘古不变的，所以古人有"天不变道亦不变"(《汉书·董仲舒传》)的说法。"道"作为人类社会乃至整个宇宙存在与发展的本原，贯穿于不断变化着的一切事物的现象和过程当中，"显诸仁，藏诸用"(《周易·系辞上》)，于动静翕辟之间变幻莫测。这就决定了传统文化对"道"的认识是从经验出发，以体贴为主；而对"道"的践行则从原则上规范，从小事上落实。因此，传统文化从根本上说是与现实相亲合的，而不是脱离现实的。就其理论旨趣来说，无论是对道的理论表述还是推动道的落实，其目的都是要给出人们行动的方向和原则，使整个社会包括其中的个体都能够向着其应有的好的状态发生改变或恢复到好的状态。因此我们说它从根本上是一种"正"治的思想，即"正其不正"的思想。一切事物都应该符合其各自的"道"，并在各自"道"上"各行其道"，这才是"正"的状态。因而我们说，"正"治是传统文化的理论旨趣和实践立场，"正其不正"是传统文化发展的根本动力。所谓回到传统文化就是要回到"正"治这一根本立场，根据不断变化的时代要求和新的社会问题，寻求对"道"的新的理解和阐释，在接续传统"正"治思想的基础上，全面建构当代传统文化思想体系。

第一，要确立"中国特色"的文化研究。中国传统文化的一个重要特色就在于它与现实社会生活的相关性。这种相关性不仅表现在思想植根和浸润于现实之中，还表现为思想反过来渗透和落实于现实之中。在人类历史上能够得以延续的思想都不可能是凭空想象或纯粹的理性思辨的结果，而一定是关照现实的，是为现实服务的。而许多学者却将传统文化所思考的问题的现实关照性与当代社会所面临的现实问题裂分为两个事物，希望在传统文化与当代现实之间找到"对接点"，认为这样才能实现传统文化的现代言说。这是一种静态审视文化思想的视角。事实上，文化是人类特有的精神活动，它应当被看成是一种动态的思考和反思的过程。这种活动是随着人类社会活动的丰富和发展而不断丰富其思考和反思的内容的，同时因为思想者所处境地的不同，他所观察和思考的视角、思维方式以及被他视为原则而存在的原始观念都会不同。沿着这样不同的线索而发展的文化活动的行进过程，就成为这种文化的历史。而我们在分析和评价它所产生的文化价值及其社会指导意义的时候必须将这些分析和评价置于它本身的行进发展过程当中，不能脱离其历史背景。同样我们如果认可这种文化的活动对现实的解释力与指导性，并且希望其对现实产生效用，那么就需要按照它的特殊视角、思维方式和原则延续从事这种文化活动的基本要素，来分析和解决所遇到的具体问题。这就好像是建立一种思维模式或者说掌握一种思维运作的原理，而需要加工的材料取决于现实，不同的现实在这种思维模式或运作原理下可以"自然"地产生不同的适应性结果。从这个意义上来说，我们研究传统文化就是要研究它思考问题的视角、方式和原则，并在现实生活当中运用这种视角、方式和原则来看问题、解决问题，从而形成"中国特色"的文化研究。"中国特色"的文化研究就是按照传统文化的固有概念或范畴、命题等去理解和分析社会问题与症结，用我们民族自己的语言去解释世界，自己的思维去理解世界，从而回归传统文化的生长语境，形成和建立具有真正民族特色的传统文化思想，恢复传统文化的主体性。

第二，开辟传统文化自主发展的路径。每种文化都有其自身的发展路径，具有不可替代的独特性，这也是它们成其为自身的依据。思想的世界需要百花齐放、百家争鸣，人类的世界才能丰富多彩、日臻完善，"若以水济水，谁能食之？若琴瑟之专一，谁能听之？"（《左传·昭公二十年》）因此中国传统文化必须坚持自身的主体性和独特性。具体来说，就是要坚持用自己的眼睛看世界，用自己的脑子想问题，用自己的方式做研究，用自己的原则治天下。这应该是一种"智能创新式的'自己讲'，中国的思想学术自己对'话题本身'的重新发现，讲述中国文化、思想、宗教、艺术自己对时代危机的理解，讲述中国文化、思想、宗教、学术自己对道的赤诚。只有这样，才能建立起中国的文化、思想、宗教和学术"①。当然这并不是说我们要固执己见、画地为牢、固步自封，而是需要借鉴的就应当借鉴，需要整合的就应当整合，但是借鉴、整合的依据不应当是外来的②，而应当是内在地发展自我，以服务于传统文化的目的，即实现社会与人的"正"治的需要，是接续传统文化应说未说之话语，而不是邯郸学步、东施效颦。世界虽然变化万端，但是终究还是那个人与自然共在的世界，国家之间虽然相互交流融通，但也还是国与国分立，民族与民族并存。传统文化必须建立起自身不可替代的独立性。那种"假借西方文化来锤炼及强化传统文化"的思路到最后往往导致的是异己化的改造。不论这种改造是话语体系上的还是理论构型上的，在一定程度上都给传统文化的独立研究带来了困扰。因此，张立文教授提出的"自己讲""讲自己"的观点应该引起学界足够的重视，这种思路有利于传统文化在当代社会坚持独立意识，确立主体价值。只要我们在坚持中国传统文化主体性的背景下，持有一种兼容并包的开放态度去面对各种先进思想与理念，那么本身并不孱弱，自身体系也不存在所谓先天不足的传统文化何以不能自立门户？

第三，建构以"正"治为核心的学科体系。中国传统思想是以经学为核心构建的，形成了义理和考据两大体系。这两大块是研究传统文化的基础，应该在现代传统文化的学科体系当中予以保留，当然其学科形态可以进一步优化和细分。但是如果仍然以经学为核心来构建当代的传统文化学科体系，又容易使思想禁锢于经典，而难以凸显传统文化最根本的理论旨趣和实践立场——"正"治。如前所述，"正"治不仅是一种理论的思考，更体现为实际的行动。"正"治也不仅仅关注政治，还包括对伦理道德、经济、社会及其人的教育等方方面面的涵盖。对"正"治理想的追求也是推动传统文化不断发展的内生动力。近代传统文化之所以在与西方文化的竞争中失势，其中一个很重要的

---

① 南金花：《超越合法性危机重写中国文化史》，《探索与争鸣》2004 年第 5 期。
② 比如以某种事功为标准来评价传统文化的现代性价值，或者以西方文化为标准来改造传统文化等等。

原因就在于传统经学的学科体系陷入僵化，造成自我束缚、裹足不前，难以应对时事局势的变化。特别是清政府采取文化压制政策，因文获罪禁锢思想，造成学术界义理之学式微，考据之学过盛。这种人为地将思想实体化、对象化、静止化的思路实际上放弃了传统文化的"正"治理念，从而削弱了思想发展的动力，阻碍了思想"正其不正"的社会功能。当思想的发展呈现这种局面时，其势衰败就是在所难免的了。所以，如果说在当代推进传统文化的发展，学科体系的重建应当成为一个重点。而重建学科体系则应当坚持"正"治立场。围绕"正"治，学科建构必然要兼顾基础理论与实践方略两个方面的需要。基础理论以传统文化的承续和发展为主，实践方略以现实的问题为导向，道器相迎，本末相参，相互启发，互为支撑，共同推动"正"治目标的实现，使传统文化之真精神真正展现出来。所以说，只有回归传统文化之"正"治立场的学术研究才能实现对传统文化的不断发展和完善。

第四，建立立足传统面向现代的学术话语体系。不同文化之间有着不可化约的部分，语言就是其中之一。每个民族的语言对于表达他们的思想都具有先天的贴切性，而每种语言在翻译过程中难免会存在某种程度的失真甚至歧义。比如有学者考察了中国传统文化中"物"的概念与西方文化中"物质"的概念，发现二者存在诸多重要差异。[1]因此，如果以物质与精神两个范畴来简单框范中国传统文化的相关范畴就是不合理的，也难以获得对传统文化命题与观点的恰当理解。这说明当我们在自己的文化背景下来言说世界的时候，我们所要表达的"物"的世界与西方文化语境下"物质"的世界是有差别的，而对传统文化语境缺乏了解的西方学者就会按照他们的话语体系和思维模式去理解，这样必然产生误解。所以避免这类误解最好的方式，无疑是保留本土文化自己的言说背景，按照我们的思维模式，从我们的视角去理解世界和解释世界。只有在此基础上形成独特的看法和观点，才能够平等的而不是从属性地与西方学者展开对话。而且也只有在承认

---

[1]　李红章：《"物"的本土溯源与外来翻译》，《江汉论坛》2014年第7期。

差异的前提下进行对话，彼此之间才会自觉维持基本的尊重，双方都会寻求相通而不是相同，从而也就没有谁是文化世界的"小学生"，谁是"大哥大"，谁该统领谁的问题了，这样两者之间的关系才能恢复为平等主体的关系。有学者认为，无论是从传统文化研究长期受到西方文化浸淫的现实情况来看，还是从现代世界学术的大背景来看，想要重新回归中国传统文化的学术话语体系既没必要，也不可能，或者说是逆时代而动的。这种观点表面上看似有道理，实际上却存在很大问题。因为它是将学术话语体系看作是静止的。我们说回归传统学术话语体系，并不是一种简单意义上的资料提取，而是通过发掘和整理，"涤除玄鉴"、拨云散雾，还原传统文化最基本的范畴与思维要素，并对其解释世界的合法性与可行性加以论证，在此基础上重建"立足传统、面向现代"的新的传统文化话语体系。也就是说，我们"返本"的目的不在于"返本"本身，不是为了回到过去，而是为了"开新"。因此，开出的这一文化体系必须既能够最恰当地代表和承续中国传统思想的精神，也能够用于解释和解决当代社会现实问题，能够与世界文化实现沟通。

百多年来，受到矫枉过正的思想转型的冲击，中国传统文化逐渐失去了言说自身和自身言说的自主性，整个话语体系呈现出明显的"杂交"性格，传统的理论思维模式和表述方式，要么被强势的西方文化研究体系所改造，要么为主流的马克思主义理论视角所限定，以至于学界对传统文化学科自主发展的可能性缺乏足够信心，对传统思想对当代社会的建设性意义缺乏合理认识。事实上，传统文化能否实现自主发展，能否之于当代社会发挥建设性作用涉及的是传统文化是否具有面向现实的发展动力的问题，它包括思想传承与经世致用两个方面。前者是指传统文化能否建立自己独特的学科发展体系，能否延续传统的思维方式和研究方式，能否秉持自身的学术精神和品格等；后者是指传统文化是否具有现实解释力以及如何解释，是否能够完成由理想到现实、由价值到模式、由观念到行动的转移以及如何完成等。就本文的观点来看，这些问题的解决都需要通过回归"正"治这一理论旨趣和实践立场来实现。只有坚持传统文化的"正"治立场，以"道"为依据考察社会现实问题及其治理，不断"正其不正"，才能不仅秉承传统文化的理论使命，而且获得思想与时俱进的源源动力。

需要提出的是，"正"治理想并非儒学独据，而是源于《周易》的中华传统政治理想，因此我们不能拘泥于儒家思想一途，而要把整个中国传统思想按照"正"治框架进行梳理，使传统文化在全面的意义上获得发展。在"正"治的治学框架之下，所谓各家观点主张之争，真伪书之辨，甚至所谓经典与非经典之分也都不再具有先决性，所有传统思想的组成部分只要符合"正"治之道的都具有其价值，都值得我们融会贯通地纳入传统文化史的研究，使之成为传统文化当代发展的有机养料。同样，对于不同的学术观点既要有海纳百川的宽广胸怀，也要有批判精神。对于不同的学术派别，要营造有利于对话和争鸣的氛围，打破学科壁垒，群策群力，共谋天下之"正"治。这才是当代承续和发展中国传统文化的正途。

下编　文化的主体性与世界性

第八章　文化的差异与主体性

一、思维的异质性与观念的分野

文化是人类精神生产的成果，所谓精神生产实质上就是人类特有的思维活动。所谓特有，是指这种思维活动与动物意识具有质的区别。它不仅在复杂程度上，即意识的量上有类族的差异——低等动物与高等动物的差异，而且在本质上有了新的发展，即产生了新质。这一新质简单地说就是具有了"生产"性。如果说动物的意识是与动物本体直接同一的，那么人类的思维则在这种动物性的与自身直接同一的意识基础上，产生了对这一意识进行再"生产"的过程。这也就是我们通常所说的"反思"。反思是人类思维所特有的过程。如果说与本体同一的感性意识主要体现为类族共性，比如鼠类都具有某种应变意识，个体差异对意识的影响及其对行为的指导不具有明显作用，那么人类则由于增加了的反思过程，使得个体在反思与本体同一的类族共性意识时，会表现出强烈的个体差异。因为反思拉开了思维者与本体之间的距离，或者说使思维者能够跳出本体感之外做一个"旁观者"，从而"旁观"的个体能力差异就会造成反思成果的差异。这就是我们关于思维异质导致文化差异的立论基础。

现代科学已经证明，思维是一种复杂的心理现象。[①] 长期以来，

---

① 现代科学证明思维并不只是人类所具有的，所以我们在这里需要界定一下，我们所讨论的限于人类思维。

学者们从不同的角度进行界说，有的从人脑功能的角度来把握，认为思维是人的一种能力、一种认识活动，或者对对象的反映；有的从性质或类型的角度来把握，将思维归属于感性思维或理性思维、原始思维或现代思维、逻辑思维或形象思维等；还有的从词性来把握，将思维分解为名词性与动词性两类。从名词性来说，思维可以指思维能力、思维类型、思维方式、思维成果等；从动词性来说，思维主要指思维现象、思维活动，或者总称为思维过程。这个过程表现为思维的发生——由主体内在需要所激发，思维的发展——对思维对象所包含的信息进行加工处理[①]，以及思维成果的取得和思维过程的延续（再发生）。应该说这些关于思维的界说或认识都有合理性，都从不同角度呈现了思维的本质或特性。但是随着现代科学对人的生理与认知活动的深入研究发现，思维并不是人脑单独完成的，而是人脑与身体的各个组成部分共同作用的结果，甚至包括骨骼这种惰性器官，也可能参与到对大脑指令的干预和欲望的形成中[②]。而欲望（内在需要）正是思维的动力。所以，我们这里博采众长，将思维理解为一个包含着各种静态认知特性的，有发生、发展及其结果的，不断延续的动态过程，即人根据自身的内在需要，调动身体的各种认知器官及其机能对信息进行加工和处理的过程。

从这个界说可以看到，思维与主体——人的关系最为密切。尽管就主体限定于人来说，人类思维总是具有共性的，但是其特殊性却更为主要和明显。首先是人的内在需要、认知机能是具有个体差异的，它们赋予思维个性化；其次是信息加工和处理的方式。人类对信息加工和处理的方式主要不是依靠本能，而是在后天社会生活中培养确定的。因此后天社会生活作为一种类的生存形态赋予思维类特质。这样，思维过程的成果——观念就会呈现出千姿百态的丰富性：个性与类性。此即异质性思维及其所导致的观念分野现象。以下具体说明。

---

① 参考张浩：《思维发生学》，中国社会出版社 2005 年版，第3—4页。

② I. Mosialou, S. Shikhel, J. M. Liu, et al., MC4R-dependent Suppression of Appetite by Bone-derived lipocalin 2., *Nature*, March, 2017, pp.385—390.

在思维的异质性形成过程中，欲求或内在需要作为思维的动力值得特别强调。逻辑地分析，思维发生有一个重要的前提，即有标准地选择。人类思维不是任意进行的活动，而是有所指向的，或者说人类思维开始的地方是欲求。而有所欲求意味着存在选择行为和选择标准。选择是一种取舍。一般来说取舍，特别是有意识的取舍必然需要有先在的观念基础。[①] 如果排除超自然的智慧存在者或先知，这种先在的观念基础只可能来源于早期人类的实践经验。早期人类在长期实践中积累起对于生存与发展有重要意义的经验，包括有益、有害和无益无害的（或者说潜在的短期内无法观察到益或害的）。[②] 这些经验被抽象为关于"重要"的价值判断，或者说形成了有关"重要"的倾向性意识，这种倾向性意识构成了引导人们做出选择的基础观念。比如火对加工食物或取暖等与生存相关的感受存在"益"的重要性，而对烧伤甚至致死存在"害"的重要性。这种关于重要性的不同感受（意识）构成了益或害的观念来源和价值标准。人们根据这种基础观念和价值标准做出选择即表现为欲求，比如欲生、乐、安全等和不欲死、悲、动荡等。

欲求催生了有目的的思维过程，但是欲求的内容和层次却因为对重要性的不同经验（感受）而表现不同。那么什么影响着人们对重要性的不同经验（感受）呢？这种关于重要性的价值标准的形成与人类所赖以生存和发展的环境密切相关。事实上，环境决定着人类生存与发展的基本实践方向，是构成经验（感受）的根本来源，因而也是确立重要性的唯一可能的视域。怀特海（Alfred North Whitehead）在其《思维方式》一书中指出了我们对于重要性的判断与环境的相关性："在对一个单个事实的任何考虑中，都暗中预先假定了一个事实的存在所必不可少的同格环境。对这一事实来说，这一同格环境乃是它的视域（perspective，一译透视）中的整个宇宙。但是，视域按不同关联有不

---

①　当然，取舍也有本能的反应在内。但是从社会人来看，这种依据本能的取舍在生活处事当中并不占主要。
②　这种益或害通过直观感受区分开来，与本能相联系。

同等级,这就是说,它是重要性的等级。……'成为可以忽视的东西'指的是'对感受的某种同格成为可以忽视的东西'。因此,视域是感受的产物,而感受的分级则是按照兴趣感的各种不同区分而为兴趣感所决定。"① 这意味着,在人们进行思维活动之前,环境决定了经验(感受),而经验(感受)决定了视域的选择②,有选择性的视域决定了欲求的层次、内容、程度等等。这样形成的欲求必定是个性化或类化的欲求,而这种个性化或类化的欲求作为思维产生的动力导致了思维过程及其成果的异质性。简言之,环境决定着我们关于重要性的判断,从而决定了我们的欲求倾向。这种倾向使我们对纳入思维的信息进行预先的选择,因而所得到的思维成果——观念也必然具有异质性。

认知机能差异导致的思维异质性主要是生理方面的,比如不同的天赋使得个体对于事物的感受性不同,接受和消化(理解)信息的方式也不同。现代神经科学还证明,人脑中不同神经区域或者因为先天或者因为后天疾病或损伤造成缺失或破坏,同样对人的认知机能产生深刻影响。不过,认知机能的差异虽然因人而异,但一般并不涉及人的主体自觉行为,所以我们在这里不作详细的学术分析。

信息加工处理方式作为一种主体精神层面的能动活动的方式对于人们思维异质性的形成具有极其重要的意义。在当代,将人的思维与信息加工联系起来是信息加工认知心理学研究的重要路径。信息加工认知心理学被认为是继行为心理学之后认知心理学的一个重大转向。这一研究转向受系统论、信息论、控制论的影响,把人视为一个信息加工的系统,将人的认知思维过程看成是接受、选择、存储、编码、提取与利用信息的加工处理过程。研究者指出,"思维本质上是一种信息现象,是信息的输入、加工、存贮、检索与输出的广义信息过程。这是对当代认知心理学和信息科学成果的借鉴","思维是人类智能的信

---

① [英]怀特海:《思维方式》,刘放桐译,商务印书馆 2004 年版,第 11 页。
② 这里的视域,笔者理解为对于不可忽视的重要的东西的关注范围,在这个范围之外,是被忽略的、不重要的,因此在思维的过程中这类信息往往被自动过滤掉。在这种意义上,思维模式或方式或范型的形成就是一个相对稳定的关注范围的形成。

息处理部分，它的功能是处理信息指导主体的行为输出，为主体的生存和发展服务"①。也就是说，用以指导人类行为的观念就诞生于思维的信息加工和处理过程。那么从思维的信息加工到观念的产生这个过程究竟发生了什么呢？首先可以肯定的是，信息的加工处理必须建立在信息的收集，即信息提取或者说输入的基础上。那么信息的收集是如何完成的呢？"思维信息加工的对象不可能直接来源于外部客体，它们只可能来源于主客体相互作用的存在范围。"②人与认知对象之间建立主客体关系必须基于对对象的关注、注意。这就与上文所讲到的对"重要性"的选择性关注或注意——视域联系起来了。也就是说，只有被人类纳入关注或注意之视域的对象才会与人类建立现实的主客体关系，反之没有被人类纳入关注或注意之视域的对象则无法与人类建立现实的主客体关系，相应地这样的信息也就不会被人类收集，而是被忽略或过滤掉了。这种关注或注意与忽略或过滤通过长期的积淀逐渐凝固成具有个性化的信息收集的思维定式，这种思维定式既有类的差异也有个体的差异，是人们差异性思维方式的重要组成部分。其次就是对收集到的信息进行加工和处理，这个思维过程包括分析（编码）、归类、修正（转换）、记忆（贮存）等。这是一个对信息进行整理消化的过程，或者说是信息的符号化和逻辑化过程，即转化为人类能够理解的符号（语言）。并且这个过程是按照人类欲求的方向，有目的地进行的。"思维只是随心所欲、毫不连贯地东想西想是不够的。有意义的思维应是不断的、一系列的思量，连贯有序，因果分明，前后呼应。思维过程中的各个部分不是零碎的大杂烩，而应是彼此应接，互为印证。思维的每一个阶段都是由此及彼的一步——用逻辑术语说，就是思维的一个'项'。每一项都留下供后一项利用的存储。连贯有序的这一系列想法就像是一趟列车，一个链条。"③如前所述，人类

① 洪昆辉：《高等智能与人的思维》，《云南民族学院学报》（哲学社会科学版）2002年第5期。
② 同上。
③ ［美］约翰·杜威：《我们如何思维》，新华出版社2010年版，第4页。

对于信息的加工和处理方式主要不是依靠本能自然生成的，而是后天习得或建立的，具有强烈的社会属性。在对信息进行加工和处理的时候，个体先天的认知机能对方式的选择会产生偏好差异，但是根本性的差异是由人的社会化造成的。比如编码是信息的符号化，符号是人与人之间交流的工具。而各个早期文明所建立的符号系统是不同的，因此对于信息的分析和编码也不可能相同。《周易》的符号系统就是其他文明所没有的，而阿拉伯数字在传入中国之前其运演方式也是不为中国人所知的。从考古来看，人类发现的早期文字符号还有一些至今无法被理解，从而与这些文字相关的文化遗迹及其所包含的观念信息也不可能被破译①，根本原因就在于其信息加工处理方式具有特异性，是我们所不了解的。最后是信息的检索与输出。信息的加工处理环节将信息条理化，使之转化成可识别的符号或语言，从而为观念的形成奠定了基础。信息的检索与输出就是观念产生的过程。当人们认知某一新事物时，大脑会自动调出与该事物被感知、关注、注意的部分相关的贮存于记忆中的信息，并与现实的事物进行对照，进而建立关于该事物的信息化的观念形态。很明显，这一检索信息和输出信息进行对照的过程必须有人的主体性的参与，即主体有意识地根据自身当下的个体需要和类需要进行检索和输出，从而形成能够指导现实活动的观念。可见，在观念形成的最后阶段或环节，主体的事功目的成为一种现实的规定或限制，塑造出与主体需要相符合的观念形态。这样人的欲求与信息的加工处理就在不断循环递进的相互作用中持续释放个体性的或类属性的差异因子，使思维产生不可通约的异质性，而这种思维异质性的结果必然是观念的分野。

关于思维的异质性及其造成的观念分野的问题，中国古代也有关注，但是表达的方式与西方学术的或者现代科学的方式有所不同。中国古代没有对"思维"进行概念性的界说，但是对"思"，即人的认知活动及其发展是极为重视的，具体的阐述归于对心性方面的思考。中

---

① 比如复活节岛上遗留的古代文字，由于文明的断绝而无人能够破译。

国古代认为心是思考的器官，思考是心灵的功能。但人同此心，心同此理，所以心在一定程度上反映的是思维的同质性。除心这一生理性基础之外，影响"思"的更为重要的一个方面是"性"。"性"具有两个层次，一个是天性，一个是人性。从天性来说，气禀不同，其性也不同，性不同，其思维所及的视域也就不同；从人性来说，后天在人之为人的方面修为越好，德性成就越高，认知水平、层次也越高。这样在心性相互影响下，有的人视界浅薄、急功近利，而有的人则视界宏阔、高瞻远瞩；有的人性格褊狭，遇事容易斤斤计较，而有的人则气象宽舒，遇事能够抓大放小。诸如此类的认知思维差异就产生了，由此建立的内在的观念体系及其对观念的运用思路、效果等都会不同。在中国古代，对人的一种最有价值的区分就是君子与小人。之所以说最有价值，是因为这种区分排除了个体在社会地位、教育背景等方面的不平等因素，而建立在个体的平等的人格基础之上。君子与小人的区别从思维的层面来看，其根据就在于由心性差异导致的思维异质性表现。比如《论语》中对君子小人进行了直接对比："君子坦荡荡，小人长戚戚"（《述而》），"君子之德风，小人之德草"（《颜渊》），"君子喻于义，小人喻于利"（《里仁》），"君子和而不同，小人同而不和"（《子路》），"君子求诸己，小人求诸人"（《卫灵公》），"君子成人之美，不成人之恶；小人反是"（《颜渊》），"君子有三畏：畏天命，畏大人，畏圣人之言。小人不知天命而不畏也，狎大人，侮圣人之言"（《季氏》），等等。这些看似与思维无关，其实都深刻地反映了思维的异质性所产生的观念与行为的差异。

从群族思维来说，夷夏之辨也可以从思维异质性的角度去认识。夷夏之别历来争议颇大。主要集中于地缘之争或是文化礼仪制度（而非种族）之别。而文化礼仪制度等本身作为一种人文现象是由人创造和建立起来的，这种创造和建立所依赖的观念恰恰就是思维的产物。也就是说，看起来是夷夏文化典章制度的差异，归根结底问题却出在思维的异质性及其造成的观念分野上。正因为如此，在历史上，随着华夏文化圈的范围逐渐扩大，夷夏的界定根据在于文化的认同与否，即认同与崇尚中国（古代）先进文化（核心价值和精神）的就是夏，反之则为夷。而文化的认同与否，实质上取决于思维的异质性及其所造成的观念分野的程度。

二、文化的主体性

文化是人的创造性活动及其成果，即人是文化的主体，而文化则为主体意识的外在表征。由此，不同的主体创造的文化当然也就具有了与该主体内在统一的主体性。很明显，我们所谓的文化主体性是建立在这样一种观点基础上的，即认为文化与其主体具有正向的紧密的关联：一方面，有什么样的主体就有什么样的文化；另一方面，此主体的文化与彼主体的文化存在客观差异。在这里"主体"是理解文化主体性的关键。

严格来说，"主体"概念并不是中华传统文化（哲学）的固有之物，它是产生于西方文化传统的一个典型范畴。西方近现代哲学基本上可以说是以内在地贯穿主体的建构与消解而展开的。在对主体问题的解说上，"思与非思、我与非我、意识与无意识、我思与非我思，总之，笛卡尔主义与反笛卡尔主义，意识哲学与反意识哲学，始终存在于近现代西方哲学之中，构成了西方近现代哲学的关键论题和核心内容"[1]。由这两种相反进路产生了两类对主体的不同界定，一类是立足于传统的结构论表达，如主体是"构成它自身以外万物的本源或万物的基础"，"是其他一切的承载者，也是自己的思考对象和陈述对象"[2]；另一类是反传统的生成论表达，如胡塞尔（Edmund Husserl）的意识缘起生成观[3]、福柯（Michel Foucault）的境遇陈述生成观[4]。然而跳出各种

① 莫伟民：《主体的真相——福柯与主体哲学》，《中国社会科学》2010 年第 3 期。
② 倪梁康：《何谓主体，如何生成——与段德智〈主体生成论〉相关的思考》，《华中科技大学学报》（社会科学版）2011 年第 1 期。
③ 参考倪梁康：《何谓主体，如何生成——与段德智〈主体生成论〉相关的思考》，《华中科技大学学报》（社会科学版）2011 年第 1 期。
④ 参考莫伟民：《主体的真相——福柯与主体哲学》，《中国社会科学》2010 年第 3 期。

理论冲突，在关于主体的本质上不可否定的是，主体就是指意识（着）的主体，或者说思维（着）的主体。其理论差异不过是源于对主体的性质与生成机制的思考不同。

虽然对主体的概念界说并不是中华传统文化或哲学关注的重点，但是就主体是思维（着）的主体来说，主体现象却是共通的。当然，对于主体问题的理解中华文化（哲学）与西方文化（哲学）还是有明显差异的。在中华文化天人合一的观念体系中，思维（着）的主体与客观世界具有本质上的一致性。人是自然的一部分，自然的节律在人及其社会生活中延伸、共振，因此对人来说，"自然界并不是作为认识的对象而存在，而是转化为人的内部存在，在人的心灵中就内含着自然界的普遍原则。儒家讲'天道'，道家讲'自然'，但'天道'或'自然'是由人的内在本质、内在本性体现出来的，或者说包含在人的存在原则之中。只要认识人之所以为人，也就认识了天之所以为天，自然之所以为自然。按照中国哲学的这种思维，人不必对自然界进行客观化、概念化的分析，自然界的存在和意义就内含在人的心理结构之中，这就是'在人之天'或'属人之天'。人既然是自然之道或天道的真正体现者，因此，对人的存在和本质的自我了解，就是了解自然法则或天道的根本途径和方法"①。此外，人虽然被赋予能够与天地相参的最高价值定位，但是这种价值并不是体现为西方结构论意义上的基础性本源性的，而是体现为一种介质性的，即能够通过自身将天地生生之德以存存的方式贯彻下去，不仅运用于人类的社会生活当中，而且运用于维护整个自然、宇宙的可持续发展。

对处于中华文化这样一种观念体系中的主体来说，他虽然不是客观世界的本源或基础，但是却是意义世界的创造者。人自身和整个世界的存在意义都需要通过主体这一经验着并思维着的存在者去建构。这种建构是通过"思维的自思维，或者叫自反思维"来实现的，"即在经验直观的基础上直接返回到自身"。正是通过这种返回和意义的向

---

① 蒙培元：《论中国哲学主体思维》，《哲学研究》1991 年第 3 期。

外投射，人的主体性才得以建构，产生"万物皆备于我"的主体感。①
下图简单显示这一主体性生成的过程：

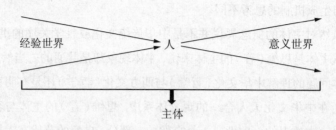

也就是说，主体并不是一开始就与人同一的，而是人在作为经验
反思与意义建构的中间环节——"执行者"时生成的。主体的生成性
实际上说明主体性是人的一种后天属性，虽然主体性的基础是人特有
的思维天分，但是这种天分的潜在性只有通过主体性的生成才得以转
化为现实性。在成为主体的过程中，尽管每个人都必须经历"执行"
反思和建构的活动，但是，作为"执行者"的是个性化的现实的人，这
个人先天的个性特质与后天的社会特质都会成为影响其"执行"活动
和"执行"效果的主体性因素。所以从本质上说，主体性又意味着个
体差异性。

差异是相比较而生成的一种现象，或者说差异是对异己现象的
表达。动物也能直观到"异己"者，这种"异己"感的产生有两种情
况，一种是在同族类中直观到其他成员的存在，并且这种存在是有差
异的，如地位差异——动物懂得族类中的"头领"或"尊者"，亲疏差
异——动物能识别"家人"的声音，并作出相应反应，等等之类。另
一种是异族类间直观到他者的存在，并且往往会将这种"异己"者视
为一种潜在的伤害来源而保持谨慎。即使是相互依存的动物，其所呈
现的相互依存的关系本身也是异类识别的证明。当然，由于动物意
识只发展到直观感受，即经验这一层，因此其"异己"感是由"异己"
者决定的。对动物来说，"己"是一个未建立的"空"，或者说真正的
"无"，因而当抽象的经验意识返回自身时无处容身、无可附着，当然

① 蒙培元：《论中国哲学主体思维》，《哲学研究》1991 年第 3 期。

也就无法积淀出一个有厚度的"己"来，其意识的触手必须接在他者身上，才能有所行动。就像一个依赖电源而工作的机器一样，失去电力，这个机器就无法成为它自己——不论其本身看起来像什么，有什么功能——而变成不知所谓的东西。所以动物不能成为主体。动物的"己"只是一个理论设定，而不是一个事实存在。而人则不同。① 对人来说，"己"是一个有待充实的"空"，或者具有生成性的"无"，这在中国哲学意义上是可以得到理解的。这种"空"或"无"本身就是一种存在，不过是一种未确定的存在。当经验意识返回时，这个存在的存在性马上就显露出来，如同我们用手指触碰到看不见的磁场——虽然我们看不见，但是它本身却已经作出了能够影响到我们身体的反应。想象这种源自经验返回的反应持续增加和积淀于"空"或"无"上，"己"感生成的质变迟早是会发生的。当然这种想象也是一种便于理解的理论设计。事实上，主体的生成过程是平滑而无裂隙的一体过程，不存在经验返回与意义投射两个环节的分割。也因此，人（社会人）与主体在事实上是同一的。任何人都事实上作为主体存在并创造着属己的意义世界。由此更进一步，便可以推导出我们关于文化主体性的结论：在文化创造即意义世界的创造活动中，个体的人都是（成为）平等但差异化的主体，由平等但差异化的主体所创造的文化（意义世界）必然也是平等的和有差异的。承认主体的差异性，就必须承认文化的差异性，而文化的差异性本身就孕育了文化的主体性。这样，在普遍意义上，我们就确立了一个事实，即文化的主体性源于主体的差异性。

　　个体的人是文化创造的主体，这是从微观角度考察文化产生的细节。从宏观来看，文化并不是个别人的活动。原因很简单，纯粹的个体的人是不存在的，它同样只是理论上的一个预设。现实的能够创造文化的人，一定是指社会成员意义上的"人"。事实上，从人的主体意

---

① 在中华文化观念中，人与动物或者其他生命的这种不同的根源只能说是天地造化、各有所据。即使是西方进化论对人类异化于自然过程的描述也只能说是对人类产生的一种合理的可能性假设。按照中国哲学的立场，与其假设不可知者，不如正视已知，探索能知，落实真知。

识的生成到作为主体的人彼此达成关于事物或现象的价值共识,人类的创造性活动才具备了成为一种真正意义上的文化的基础。也就是说,从人的意识活动到文化的产生之间,必然要经历个体思维的演进和关联。只有当个体的创造性活动具有了能够为集体或族类所认同和共享的可能,他的活动及其成果才能成为文化。就此而论,文化只能存在于人与人之间,依赖人与人之间的"互化"——互相交流、理解和认同,才能生成"文"。《周易·系辞上传》讲"通其变,遂成天下之文"。这个通变不能理解为某一个体(圣人)的顿悟,而应当是能够见之于整个族类活动的共识,所以"通其变"的目的在于"使民不倦,神而化之,使民宜之"(《周易·系辞下传》)。个体主体的创造性活动只有在整个族类当中获得了普遍认同时,即在差异化的主体之间建立起了思维的共性关联时,其个体的创造性活动才能成为文化,即达到了化人——使人们普遍认同的效果。中华文化的教化内涵也是在这个意义上成立的。所以,就文化在本质上是集体的创造性活动及其成果来说,文化主体性的主体是族类,而非个体。这是理解文化主体性的第一个重要方面,即文化是类活动的产物。因此文化主体性源于类主体的差异性。

上节我们讨论了思维的异质性导致观念的差异,这是以个体主体作为考察对象实现的由特殊到普遍的抽象概括。那么当个体主体推及族类主体时,思维的异质性是否仍然存在呢?换句话说,文化主体性是如何从族类主体的差异性中产生的呢?这里的关键就是族类中差异化主体思维的共性关联。这种共性关联表现为族类思维范型的建立。

所谓思维范型,我们这里指的是人们在认识和改造世界的过程中所依托的一个层次完整而逻辑自洽的思维架构。这个思维架构对于人们从哪些方面或角度观察对象,运用哪些方式认识对象,以什么为根据过滤、整合信息并加工形成观念、范畴,进而确立制度、构建行为规范、建立解释体系和评价标准等等都会给出相应的关联性指引。思维范型不是天然存在的,它是远古人类在结合自身的功利追求与现实经验的基础上逐步构建起来的。思维范型也不属于单个人的,而是建立在对整个族类所有成员的功利追求与现实经验之共性的把握上的。例如《周易》就是通过巫术与族类生活经验的相互印证而建立的一套认知和观念体系。支撑或者说建构起这一认知和观念体系的就是融族类的个体思维特征于一炉，剥离个体思维的变易部分，反映个体共性思维特征的思维范型。由于生活境遇不同，不同族类在功利追求的内容、质量和水平方面以及现实经验方面都会有所不同，如在平原地区、沙漠地区、沿海地区、山地地区、高原地区等等生活境遇的差异，这些地区的族类所赖以为生的条件就会有所不同，并影响到其生活生产方式，从而造成个体认知和经验的局限，以及建立在个体认知与经验基础上的思维范型呈现出族类的个性化特征。

与思维异质性造成观念差异一致，思维范型一旦形成，就会对族类的认识和实践活动产生标识性意义。作为认知信息的加工厂和观念的发动机，思维范型形成之后，族类成员对事物与现象的认知就主要不是依靠身体器官的感知觉，而更多地依托这个思维范型所指引的方向和路径。当人们将对自然社会等各种现象的认知以信息的方式纳入成形的思维范型中时，构成这个框架的各个思维要素就会"自动"发挥出对信息的加工处理作用，以达到信息之间的快速链接，使那些能够有效指导族类活动的线索和方案"自然"浮现出来。这种作用类似于在珍珠的形成过程中珍珠蚌对入侵异物本能地分泌珍珠质加以包裹的反应。我们可以把思维范型加工信息并产生观念的过程理解为一个更为复杂的多维度的珍珠制造过程，这个过程所产生的一颗颗独特而闪亮的珍珠就是体现文化主体性的族类观念。正是从这个意义上讲，族类主体思维范型的差异性是族类文化主体性产生的内在机制。

然而主体与人，包括个体的人与族类的人，并非是直接同一的，因此族类文化的主体性也并非一定存在。判断一个族类的文化是否具有主体性有四个方面的依据：首先，必须形成了独立的自文化体系。所谓独立的自文化体系就是指一个族类建立了独立而完整的思维范型，并以这一思维范型为基础形成了独特的文化生态系统。其次，能够对自文化与他文化进行识别。与"己"观念的形成意味着人己关系

151

的建立一样,族类文化主体性的建立意味着能够对自文化与他文化之间的差异进行识别。再次,具有对自文化的自觉认同、维护和发展的意愿。在具有主体性的族类文化共同体中,族类成员对自文化具有高度认同感和归属感,自文化往往内化为族类成员的存在方式(命脉),因此出于对自身存在的维护和发展意愿,对自文化的维护和发展就会成为一种自觉。最后,能够尊重他文化,并乐于与他文化进行以相互尊重为基础的平等交流。自信是建立起主体性的族类文化的重要特征。由于自信,不会将他文化主体性的存在视为威胁,而会认同并尊重他文化的主体性,并且在文化心态上表现出开放性,乐于接受他文化在彼此尊重基础上的平等交流与对话,取长补短,促进自文化的发展。

第九章　文化的共识与世界性

一、现象的同质性与观念的共性

文化是一种人文现象。所谓人文现象，是指与以自在方式存在的自然现象——原生现象相对应的，为人类意识或行动所实际干预，或者说人类意识或行动施加了实际作用而形成的派生现象。所以人文现象与自然现象相区别的根本点在于是否有人的意识及其在这种意识指导下的行动的参与。发生在原始人生存活动中的现象部分属于自然的原生现象，部分属于人文现象。因为原始人不等于文明意义上的"人"。而我们讲人文现象，只能是针对文明意义上的"人"，也就是已经具有主体的自我意识和反思能力的"人"。这一点是我们必须说明的讨论前提。

自然的原生现象是人文现象的基础，人文现象本质上都是以自然原生现象为原料，通过人"文"（加工）作用产生的。以人类活动中的"自然现象"为例可以更明显地表现这种区别。人类的生理性活动，比如吃饭、睡觉、性活动等最初（原始人阶段）都是一种"自然现象"，但是当人以"人"的意识作用于这些"自然现象"，将其人文化、赋予其社会意义，并使其以这种人文的意义化的方式再呈现时，它们就成为社会性的人文现象了。那么这些人文的、意义化了的"自然现象"与原来有什么区别呢？其根本区别就是原来所遵循的是自然生命的规律或者说本能，而现在遵循的是社会的价值原则。

人类意识作用于现象，将其人文化、赋予其社会意义，使现象具有人文性而成为文化，这个过程是通过思维来实现的。如前所述，人类思维与动物意识具有明显的差异，这种差异不单是量上的程度性变化——在直观感受上，人类甚至不如动物，比如对地震等自然灾难的敏感性，人类就不如一些动物——而更是质上的，即人类不止于感知对象并形成意识，而且能够将形成的意识本身作为对象进行再认知。这样，对意识的再认知过程及其成果与原初的实体对象之间就出现了一段距离。这个距离非常关键，它使得人类有可能摆脱感官对对象的直观记忆，而产生了关于同类对象的模糊记忆——被模糊的恰恰是实体的同类对象之间的个性化边界，而被记忆的却是它们的某些类似或共性特征，这就为建立关于某类事物的抽象认知，即形成概念奠定了基础。

形成概念在中华文化语境当中就是为现象冠名。当某类事物或现象略去其个性特点，而以其共性冠以某名（称谓）时，这个概念便实质地产生了。将事物或现象与概念之间建立对应关系，使一名与诸实相对应，表明人类抽象思维发展到高级阶段。而且，名的出现使意识得以条理化表达，这是产生观念的前提。所以逻辑上说，现象是观念的基础和根据，所有的人类观念归根结底都源于现象。自然现象是自然观念和社会观念产生的共同基础和根据，而派生的人文现象也是社会观念的来源之一。不存在没有现象内核的观念。

如果说思维的异质性可以用来解释人类观念文化的丰富形态，那么在这些丰富的文化形态背后，同质性的社会结构与功能、生活要素与现象等却决定着人类观念的共性特征。"同质性"强调差异现象具有本质上的类同或一致性。比如自然现象与人类现象是差异现象，但是它们之间却具有同质性的一面，所以当运用比喻或拟人的表达方式描述某种自然或人类现象时，人们会立刻产生联想，这种联想正是建立在二者的同质性基础上，通过这种联想人们得以快速地理解现象。所以，同质性是差异现象之间能够实现贯通的根据。

中国古代文献《周易》对现象的同质性问题是通过变与通变来解

说的。变既包括即时性变化，也包括过程性变化，体现着现象差异的状态及其形成。而通变一方面证明在差异现象之间存在某种共有的不变方面，即同质性方面，另一方面又表现为对人们认识和处理现象差异的发生、发展之变的原则性要求。就后者而言，通变既是认知原则，也是行动纲领。作为认知原则，它要求人能够从不断变化的现象中找到稳定不变的方面，从而使差异现象在认知层面内在地统一起来，比如对天人关系的认识。作为行动纲领，它指引人将认知层面获得的关于现象之变与不变的观念运用于实践当中，从而创造性地解决遭遇到的现象变化，即所谓以不变应万变。所以，从现象与观念之间的相生关系来看，对现象的同质性的把握必然造成观念的共性。比如人类观念文化的发展总体都可以统归于真善美三个方面，即不论人类创造的观念文化具体形态如何，都能够反映其对真善美的同质性追求。而这一同质性追求就可以成为人类观念文化实现相互理解和认同的基础。

从求真来说，科学的实证性特征使得不同观念文化体系下的人们对于真实体验到的科学知识能够较快地形成一致的认同；从求善来说，尽管人们对善的界定容易产生歧义，但是仍然存在一些根本意义上的通变者，比如从人的存在来说，不论如何界定善，它都一定倾向于对人的更好存在状态的表达。如生活资料充足、生活条件方便安全、生命繁衍有保障、人与人之间有序和谐、精神上感觉舒适快乐等。因而能够部分或全部实现人的更好存在状态的社会现象都能在不同人类群体之间获得善的共鸣；从求美来说，同样，不同观念文化对于美的界定有一定的差异，但是美的感受或体验却是更为属人的感悟，这在相当程度上使美与人的存在本质之间更为接近，因此越是接近人真正的存在本质的越是大美的，越是大美的越容易产生共鸣。比如几乎所有人类文明均对天体有美学意义的表达。太阳、月亮、星空等，它们不论是作为人类生存的重要条件或者是作为人们向往的神秘存在，都获得了人们由衷的赞美。而那些能够很好地表现美的音乐、绘画、建筑、文学、摄影等艺术形式则往往能够轻易俘获众人心。由此可见，能够反映现象同质性的观念文化完全具有相互理解的可能。

对于同质性现象与观念共性的相生关系，现代文化人类学研究的成果也给予了我们更多确证。19世纪以来文化人类学虽然学派更迭此起彼伏，研究基点、方法、路径等不断创新①，但是在关于人类及其社会发展的研究方面实质上都遵循着一个不言而喻的理论预设，即人类之间即使在社会（文明）具体的发展阶段、发展势态、民族特质、习俗规范、宗教信仰等方面存在差异，却仍然在社会结构、社会运行机制、社会现象及其发展规律等方面具有同质性。"人类学学生一定会发现他们在研究的是表面上无限变化多样的人类社会，而每个社会又都有其独特的政治、经济和宗教系统。然而，尽管有这些不同，这些社会还有一个共同的东西。每个社会都是通过共同协作延续他们的共同生存与幸福的集合体。"②这些人类学研究往往从类属性的角度来谈论人类文化的共性特征及其功能，比如，"与所有动物一样，人类在进化过程中，不断面临着如何适应他们的环境这个问题"③，"文化必须为生活所需的商品的生产及其分配提供保证，并提供各种服务设施；它必须通过成员的繁衍，提供生存延续；它必须使新成员濡化，这样他们才能成为起作用的成人；它必须维持成员中的秩序；它同样也必须维持其成员与外部的人之间关系的秩序；最后，它必须激发其成员生存下去，并参加生存所必需的活动"。④在现代，由于遵循主位研究法，尽可能深入到被研究者的文化立场，而不是某种民族中心主义的立场，文化人类学家们最终发现，即使是"所谓野蛮人……实际上与别的民族一样是人"，那些看起来极具差异性的人类文化系统，实质上都

---

① 夏建中在《文化人类学理论学派——文化研究的历史》（中国人民大学出版社1997年版）中介绍了10个学派，并指出尚有缺漏。书中呈现的各个学派都有自己的研究领域、研究重点、研究路径、研究方法等，但是从总体来说，当代"文化人类学的分析架构或指导思想，……以现代化国家体系、全球化经济与国际政治体制下的文化体系为依据，以讨论历史传统、文化思潮、国家文化之创建的宏观文化现象，作为考察、参与、分析、解释的人类学对象"。参见"前言"第2页。
② ［美］哈维兰：《当代人类学》，王铭铭译，上海人民出版社1987年版，第241页。
③ 同上书，第257页。
④ 同上书，第258页。

不过是围绕生存的适应性问题所展开的一套自洽的解决方案。①

　　除了社会现象的同质性，从作为人类共性的基本活动形式出发，或者说从人性基础出发，思维现象的同质性也是很容易明确的。一方面，如前所述，人类思维在类属意义上与动物意识是不同的，而这种不同反过来就是对人类思维共性的证明。孟子说"人之异于禽兽者几希"，尽管"几希"，但却反映出人的类属共性，而且这里的"几希"恰恰不是从生理上讲的，而是从精神层面讲的，其中必然不可避免地包含了思维方面的"几希"。另一方面，人类思维的结构性要素，即思维动力、思维对象、思维方式、价值立场、欲求方向等等存在于所有人类文明的思维范型当中，尽管在具体认知活动中，这些要素未必同时起作用，但是缺少这些结构性要素的思维范型一定是不完整的，以这种不完整的思维范型执行对信息的加工和处理就难以形成合理的观念。反过来，只要是具有完整的合理观念的文化系统，即使是异质性的，也可以肯定其相互之间存在着同质性的思维结构要素。这也是文化交流和比较能够建立的根据。

　　此外，从思维的动态过程来看，认知的模式或程式具有共性的流程。按照信息加工认知心理学提供的启示，我们可以设想这一基础过程。第一步，我们的大脑会对认知对象加以信息化，或者说对象本身以信息的方式刺激我们的大脑。比如对象的颜色、气味、形状、活动等。从动物也具有学习能力和游戏②本能来看，我们的感官之所以能够接收到这些信息，也许不过是遵循一种自然成就的物与物"交流"的本能。如果是本能，那么它就具有普遍性。第二步，我们的大脑先天具备的信息加工系统开始工作，对接收到的信息进行加工和处理。按照认知心理学对婴儿认知过程的研究，人类在婴儿时期已经具有天赋的信息加工系统，正是这一系统帮助他们认识世界、学习知识。"我

---

① ［美］哈维兰：《当代人类学》，王铭铭译，上海人民出版社 1987 年版，第 261 页。
② 动物行为学家研究证明，智力越高社会性越强的动物越具有游戏需要和能力。这种游戏需要甚至超越了物种，突破了食物链关系中的必然性杀戮，表现出善意、友好的情感性交流。

们认为婴儿的认知发展应该是婴儿通过一套先天的在一般领域的学习机制与变化着的外界经验两者之间的持续的相互作用来发展他们对世界的认识。"① 如果这一当代心理学的研究成果确实反映了婴儿这一人类尚不"具有天生占优势的中心知识"的阶段的认知活动的特征,那么我们就可以据此剥离后天文化背景差异造成的思维异质性,而从人类生理与心理的结构和活动中找到思维的同质性基础。

因而说到底,人类作为一种类属,不论其生活于哪个时代、哪个地域,也不论其属于哪个种族,处于哪个文明阶段,其所面临的生存与发展问题都具有与作为"人"这种类属的社会生活相一致的表现,这种朝向人的类属性而展开的人类社会生活的类同表现,我们称之为人类社会现象的同质性。社会现象的同质性从根本上决定了人类观念必然具有共性特征。同时,人类自身的思维也存在同质性因素,它使得人类在面对同一现象开展思维活动的时候,尽管其思维结果在表象上千差万别,但是仍然能够产生共鸣。基于此,不同文明条件下所形成的关于解决同质性问题的认知观念以及规划的行动方案都具有深刻的一致性,比如趋利避害、社会秩序化、民生基本保障、建立社会信仰等等。

历史证明,人类社会生活的具体样式虽然在适应生存环境和地域的差异过程中表现出不同的特征,社会的发展水平尽管不能等量齐观,但是在文明演进的路数和社会发展的路径方面却有章可循。比如几乎所有文明都经历了神话传说和巫觋文化时期,并且都在某一特定时期经历了文明的跳跃性发展。雅斯贝尔斯(Karl Jaspers)提出的轴心文明的概念也是在这个意义上可以用来说明人类文明发展具有共性特征。轴心文明理论对人类在轴心时代各个不同环境条件下独立发展出同等品质的辉煌文明,特别是作为时代精神的哲学思想的现象作出了解释。而"哲学家的本职工作之一就是要识别和描绘人类经验的共

---

① 王儒芳、李红:《婴儿认知信息加工原理(IPP)综述》,《宁波大学学报》(教育科学版)2004年第4期。

同特征,以便在尽可能广阔的背景上研究问题"①,这意味着,如果说这些并未相互影响的哲学家们都思考和回答了社会正义、人的存在、社会基础、社会秩序等重大问题,那么就可以推证前轴心时代人类所面临的现实的社会生活经验具有在本质内容上的同质性。

基于以上分析我们可以得出这样的结论,即由于人类社会生活在现象上的同质性,人类在观念层面(文明是观念的表现形式)必然具有共性。原因很简单,我们生活的世界就是我们认知的对象,是我们一切观念产生的现实根源。

二、文化的世界性

事物的属性反映其自身的存在本质。文化是人的存在方式,是人以类的方式进行的创造活动及其成果。族类差异虽然赋予文化主体性特征,但是从超越人类自身的视野来看,人类的族类之间的差异就不是重点了,而整个人类之于其他非人类的存在特质就呈现出来。站在这样的立场上来反观人类各个族类文化之创造,就体现出其世界性。对文化世界性的这种理解包含了佛教所说的"一花一世界"和"月印万川"两种意境,前者从特殊性立场说明特殊包含着普遍,后者从普遍性立场说明普遍寓于特殊。两种立场虽然讲的是一个道理,但是在现实中,立场不同,表现不同。

从特殊性立场来看,族类文化的世界性表现为其创造文化的目的、方式,甚至内容都具有类同性,因此彼此能够仅通过文化而建立相互理解、产生共鸣。人类创造文化,目的在于解决自身所面临的生存与发展问题。而这些问题在形式上或者有所不同,但是在根本上却是一致的,比如都包含着对自然与人类生存的关系处理,包含着人类社会的公平、正义等秩序问题,包含着人与人之间的情感维系与精神安顿问题等等。在前面我们是将这种问题的一致性作现象的共性来

---

① [美]安乐哲著,温海明编:《和而不同:比较哲学与中西会通》,北京大学出版社 2002年版,"前言"第6页。

理解的，并指出这是文化具有共性的一个重要根源。事实上人作为类的共性在最原初的基础上已经决定了人与人之间，特别是族类之间，在撇开后天的文化因素的"干扰"与个体的生理差异之后，其所从事的文化活动和活动产物，以及其在活动中的感受都具有本质上的一致性。所以我们才能从抽象的意义上讨论人类存在的问题。在现实中我们可以看到，即使语言不通，价值体系不同，人们仍然能够对不同文明条件下的绘画、音乐、建筑、舞蹈等艺术形式及其对美的表现力表现出理解和欣赏。出于同样的原因，宗教、科技等文化形态具有超越国家、民族的广泛影响力，而人们在面对自然景观、生命奇迹等方面的人文感受也大致相同。由此可见，在这种意义上族类文化的世界性就是人类各种族之间必然存在的相通性。

从普遍性立场来看，族类文化的世界性表现为普遍真理在各族类社会生活与历史发展中的呈现。作为人类认识对象和生存环境的世界是一个整体，从某种意义上可以说，任何一个族类都从自身的角度"看到"了全世界、全宇宙。正如宋儒所谓理一分殊一样，世界运动发展的奥秘蕴含于一切生态现象中，因而在理论上，任何族类从自身生存和发展的时空境遇中都能够把握到关于世界和宇宙的"真理"，他们的生活被这种经过了历史不断验证并流传下来的"真理"所引导，在没有不可抗力或人为干涉的情况下，他们都能够按照自己摸索和发现的文化节奏生存和繁衍下去。所以正如凡世之人所看到的太阳月亮无不是太阳月亮一样，任何一个族类所认知的"真理"都具有普遍性意义，因为它们都是真理在那个角度的完整呈现。这就如同我们选择对自己最合适的衣服穿出美的效果一样，不论我们如何选择，只要是美的——符合普遍性的，一定是合适的——与特殊性相吻合的。比如在极地生活的人们所掌握的极地生活知识和经验与在热带地区生活的人们所掌握的热带生活知识和经验都具有真理性。这种真理性表现为任何一个其他族类的人来到极地或热带都不得不遵循当地族类所掌握的知识和经验，以保障自身的生命安全和健康。也就是说，在这种意义上族类文化的世界性就是一种不得不被普遍认同的真理性。

以上主要是从一种静态的角度来考察文化的世界性的，即以既成文化为核心，考察它的产生、内容、形态等方面所具有的普遍性倾向。事实上，理解文化的世界性还有一种动态的视角，即文化寻求自身发展的视角。作为人类的创造性活动，文化的世界性还表现为任何族类文化都具有突破地域和族类局限，寻求更大范围的扩张或联合的内在品质。这种内在品质是与人类本身所具有的发展要求和合群性相关的。从人类自身寻求发展的欲望来说，没有任何一个族类主体在本质上只希望寄身于地球之一隅，安于现状而不考虑更大范围的发展。这种发展自身的欲求必然牵动其文化足迹向外扩张；从合群性来说，由于自然力量的强大，任何族类都希望能够发现自身以外还有其他同类，可以联合起来增强人类的力量——尽管存在征服方与被征服方，但是在古代世界历史上，没有族类会在遭遇到其他人类族类时采取全部消灭对方的办法来维持自身的生存，而往往是将其中一部分保留下来以强大本族类的生存力。因此我们可以看到近代西方的殖民性探索，虽然充满血腥的奴役和压迫，但是也一定伴随建设性的活动。而古代中国的丝绸之路与郑和下西洋同样也是寻求与异邦文化的交流与联合。再看现当代对外星文明的探索，也是基于同样的文化发展品质。在人类历史上，确实有一些族类文化不思进取、固步自封，而其结果要么引发社会变革而改变这一文化品质，要么被其他文化吞噬或自行衰亡。大浪淘沙，那些安于一隅不求发展或缺乏向外发展能力的文化最终都会消失在人类历史的长河中。由此可见，动态视角下文化的世界性实质上就是指文化具有向外的联合性和扩张性。

文化是人的存在方式，文化的性质在根本上源于人，但是人与文化之间是相互塑造的关系。原始人在成为真正意义上的"人"之前，其在自然界的生存能力上是极为弱势的。从生存的本能欲求来看，原始人之所以发展为"人"就是为了摆脱孤立生存的现实困境，通过联合而获得更好的生存条件。我们可以将这种欲求和联合看作由生存经验而形成的前观念，它被植根于"人"的意识当中，因而可以说，人"先天"地具有联合同类的心理倾向。如前所述，文化不是单个个体的活动,而是类的活动。个体的活动只有通过相互关联、交流以获得理解和认同才具有成为文化的可能。因而不论是从个体自身的生存立场还是从文化这种存在方式,人类都要远离孤独,寻求彼此在文化上的理解和认同,并由此感受到自身存在的意义和价值。所以人的社会性、交往性使文化具有联合性,而文化的联合生成机制反过来又强化和巩固了人类活动的社会性、交往性。

如果说文化的联合性反映了人类渴望被接纳、认同,以及希望获得更强大的生存力和更好发展的心理,那么文化的扩张性则体现着人类对未知世界充满好奇,探索和发展自身潜力,并渴望展现和证明自身力量的心理。人类的文化创造活动总是基于解决一个又一个未曾经验的问题而展开的,而之所以出现一个又一个未曾经验的问题恰恰是源于人类向未知世界的探索。动物按照本能生活于其熟悉的环境中,其所能遇到的问题总体来说都处于其本能能够解决的范围内,因而其发展是缓慢的——不是不发展,恰恰是因为有可能遇到其本能无法解决的问题,从而迫使其激发出其他潜能。人类虽然在体力方面缺乏优势,但是在智力方面却具有一种主动学习和发展自己的潜能。发展心理学告诉我们,学习是人类的本能。这一点我们从幼年时期的孩子身上可以看得非常清楚。正是通过学习,人类才得以弥补其在生存方面的劣势、弱势,而获得相对于其他生命的后天优势、强势;也是通过学习,人类才得以发现自身具有实现更好发展的无限可能。因此为了展现和证明自身力量,使更好的发展由可能变成现实,人类总是在不断探索,发现和了解新的事物,将自己的文化足迹推进到尽可能多和远的疆域。①

需要注意的是,这里的扩张是中性立场的,只是强调事物发展的趋势,并不具有道德上的贬义。事实上,文化的扩张性在人类文明史上以各种方式表现出来。既有通过霸道强力的,比如近代西方殖民统治,不只是经济意义上的,更是文化意义上的;也有通过仁道感召

---

　　① 　这里的疆域并不仅仅是指实在的地界,也包含其他抽象领域。

的，比如在古代，中华文化对周边邻国乃至更远的西域发生的影响；还有表现为科学探索的，比如人类向外太空的探索也是文化扩张的一种形式。可见，文化扩张从中性立场来看本质上就是扩大文化的影响范围。

总之，文化的世界性是由文化本身的特质与人本身的特质两个方面共同决定的。任何族类都是"上帝之子"，任何文化都具有"真理之眼"，因而文化内在地包含着普遍性与超越性。而作为人类的存在方式，人类在哪里，文化就发展到哪里；族类在哪里，族类文化就发展到哪里。所以联合与扩张是文化世界性的本质表现。当然，虽然文化的世界性是各个族类文化的共性特征，但是在现实中，不论是通过联合还是扩张，族类文化世界性的实现程度都取决于文化本身的发展质量和水平。文化发展质量和水平较高的往往居于联合或扩张的主导地位。比如元代或清代，虽然少数民族凭借军事力量突破了汉民族的国家防线，但是在文化方面却未能实现其族类文化的扩张，反而被汉民族文化同化。这正是由于汉民族文化在发展质量和水平上高于其自身的文化。因此看起来是改朝换代了，但是从文化视角来看，却仍然是汉民族文化居于联合或扩张的主导地位。到近代，西方虽然以同样的物质的、经济的、军事的力量突破了中国的防线，但是真正导致中华文化失位的却是其与西方文化在解决现代政治、经济、社会等方面问题的现实较量中败下阵来。所以近现代以来西方文化（马克思主义也是源自西方的思想文化）在与中华文化的联合或扩张中居于主导地位。

在现当代，全球化已经成为一种不可逆转的趋势，人类各族类文化之间的交往必然越来越广泛，相互之间的联系必然越来越深刻。这说明在现当代，文化世界性已经成为文化最鲜明的特质，表现得最为充分。唐君毅先生在其关于现代世界之文化问题的思考中指出，现代世界文化主体间的关系与传统世界文化主体间的关系是不同的，传统世界文化主体之间的关系基本上只在狭义的文化这一社会现象本身范围内发生，或者冲突或者融合；而现代世界文化主体之间的关系却广泛地牵涉各个文化主体的政治、经济、文化等许多领域，也就是说一且文化主体之间发生关系，往往就是全方位的。由此进一步引发一个现代特色的问题："在现代中，各种纯粹文化思想力量，遂与各种现实的社会、政治、经济之力量互相结合，互相利用，以求扩张，而加强其冲突，加深其问题。"① 事实上纯粹的文化思想力量从来都需要与现实的物质性力量相结合，才能得以实现其世界性的内在要求。这一方面是指文化必须寓于现实的物质性力量当中，或者说现实的物质性力量的发展本身也是文化发展的结果，因此物质性力量所到之处，文化力量也必然如影随形；另一方面是指从广义上来讲，政治、经济、社会、文化（狭义的，即纯粹的文化思想）等各个领域的人类活动及其成果均为文化的组成部分，而各个组成部分在文化中地位的重要性却因时因地而有不同。在古代，纯粹的文化思想领域的文化活动在整个文化中的地位高于其他领域的文化活动，因而其文化的世界性主要通过纯粹的文化思想力量来彰显；在近代，文化的世界性可以说主要是通过经济领域的资本力量来彰显；在现当代，文化的世界性表现得更加强烈，而各个领域的文化在整个族类文化发展中的影响力呈现均衡的格局，因而政治领域的制度力量、科技领域的科学力量、经济领域的资本力量、文化领域的思想力量等都成为彰显文化世界性的重要依托，从而产生了互相引领、齐头并进的复杂的推进机制，使得文化世界性的实现表现为在联合中有扩张，在扩张中有联合。

当然需要指明的是，我们说文化具有世界性不等于文化具有开放性。文化的世界性是文化本身的一种品质，正如文化具有独特的族类性一样。而开放性是对文化的一种价值性赋予，即强调文化应当具有开放的品质，呈现为一种开放的状态。所谓开放，在文化问题上是指能够包容和愿意借鉴。它被认为是文化发展的合理路径。因而每个族类文化都应当因时因地的需要而与其他族类文化进行交流和互鉴，使得自身文化能够获得更好的发展。文化的开放性只能理解为人们对文化世界性的一种积极的价值界定，而不能等同于文化的世界性本身。

① 唐君毅：《当前世界文化问题》，载《中华人文与当今世界》（下），台湾学生书局，第405—406页。

第十章 构建人类命运共同体的文化考量

一、关于人类命运共同体

1. 共同体

共同体的概念对应于英语的"community"。community 本身包含许多含义,但其中能够提取出来对应于共同体的主要是三个方面。其一是能够体现存在性质的含义:团体;其二是能够体现成员之间关系特征的含义:共同性、一致性;其三是能够体现成员与团体之间关系本质的含义:共有、共享、共同责任。英国社会学大师齐格蒙特·鲍曼(Zygmunt Bauman)在其《共同体》一书的《序曲》中对人们想象中的共同体进行了感性而美好的描述:"预示着快乐""温暖而舒适的场所""安全的""友善的""相互依靠""互相帮助",等等。这是一个有着共同的生活经历、为着共同的美好心愿,共同担当、共同分享、互相关爱的集体及其他们容身的场所。但是鲍曼将之称为"失去了的天堂"与渴望"重归的天堂"[①]。虽然这只是对一个理想的共同体的描述,但是它却为我们提供了一个理解西方文化意义上的共同体的模板,即这个共同体所指向的是一个每个人的联合体,它并不是每个人的存在方式,而是每个人存在的某种条件。正因为对共同体是这样一种利益性

[①] [英]齐格蒙特·鲍曼:《共同体》,欧阳景根译,江苏人民出版社 2003 年版,第2—5页。

的理解，所以才会发生实存的共同体假理想共同体之名行有条件地换取理想生存的事件：以服从（放弃一部分自由）换取服务（满足对确定性的需要）。[1]然而确定性与自由就像孟子所说的鱼与熊掌，在现实中是不可兼得的。唯一的方法就是平衡人们对它们的需要。所以事实上对共同体的追求就转化为如何实现自由与确定性的平衡的追求，正如其书名的副标题所说，"在一个不确定的世界中寻找安全"。

以西方文化为基石的共同体概念在现实意义上强调的是一个具有"分离隔绝"的封闭性质的集体。也就是说，由于共同体的建构，世界被划分为在这个集体之内与在这个集体之外。内部的成员需要以某种条件为代价换取他们认为具有更重要价值的确定性的方面——这些方面得到了共同体的承诺；而外部的他者则遭到排斥和打击，且对他者的排斥和打击反而是维持内部成员生存状态的方式或路径。所以在鲍曼看来，现实的"共同体，决不是痛苦和不幸——它们是在法律意义的个体的命运，和事实意义的个体的命运，这两种命运之间的、没有逾越的、看来也是不可逾越的鸿沟中，产生的——的疗救办法，它们反而是流动现代性条件下的社会失序的征兆，甚至有时是这种社会失序的原因"[2]。

西方学者之所以对共同体充满担忧甚至批评，一个重要的原因就是对共同体本身的认识是基于其文化传统中人与人之间生存利益的对立。正是为了减少这种对立造成的相互伤害，人们在彼此之间寻求同质感与共同性，以形成一个彼此认同的、力量集中的集体和场域，从而获得相对的确定性，并共同对抗来自在核心方面缺乏同质感与共同性的他者的可能侵害。

然而当我们将 community 翻译为汉语的"共同体"时，这个共同体概念之中所寄寓的是植根于中华文化基础的社会认知和期望。如果说 community 的构成形式和机制是每个独立的个体的利益联合，那

[1]　[英]齐格蒙特·鲍曼：《共同体》，欧阳景根译，江苏人民出版社2003年版，第6页。
[2]　[英]齐格蒙特·鲍曼：《流动的现代性》，欧阳景根译，上海三联书店2002年版，第313页。

么中华文化意义上的共同体的构成形式和机制则是差异个体，或者说每个价值意义上不具有独立完整性的个体之间优势互补的有机结合。如果像鲍曼所说，前者的发展可能带来社会失序，那是因为前者的利益联合必然会受到实现利益的条件的制约。人们在追求个体利益最大化的原则下，当利益实现的条件发生变化时，必然会倾向于"四散开来"，与利益更为趋近于自己的新势力相结合，从而导致共同体原有的同质感与共同性被削弱，共同体内外界线被模糊。而基于中华文化意义上的共同体则不是这样一种存在状态。它本身是一个开放的系统，并不存在严格的内外界限，其所依据形成共同体的原则是价值的。在它看来，个体在价值意义上都是一种"片面"的存在，而不是像西方的上帝一样"全能全有"的存在。世界上的任何事物，包括人，都是天道之赋形于一偏的结果，有各自的优势与弱势，只有通过与其他事物的互资互补才能存在和发展。因而每一个体与他者之间天然存在一种彼此"欣赏""尊重"和"欢迎"的潜在倾向，因为他者都有自己所没有的和必须的，相互之间按照各自的特点和需要形成紧密且多面的互补关系结构。因此，这个共同体更像一个具有不断重组机能的生物体，一方面始终保持结构的完整性，不论有多少成员；另一方面始终保持开放性，不论增加什么样的成员——这使其始终处于一种动态的生成和重组状态，新的成员的加入并不会造成其秩序的混乱，而是很快地获得与其自身相适应的位置，并与其他成员紧密地契合起来，重新构成一个完整和谐的生物体。

在中华文化中"体"这个字具有重要的内涵和性质。《说文解字注》中说："总十二属也。十二属许未详言，今以人体及许书核之。首之属有三，曰顶，曰面，曰颐。身之属三，曰肩，曰脊，曰臀。手之属三。曰厷，曰臂，曰手。足之属三，曰股，曰胫，曰足。合说文全书求之，以十二者统之，皆此十二者所分属也。"[1]"体"引申出来的重要含义在一定程度上都与此相关。一则是与身体相关，表达某种切身感，如体态、体贴；二则是与总（统）属相关，表达的是整体结构感，如体

---

① ［汉］许慎撰，［清］段玉裁注：《说文解字注》，上海古籍出版社 1981 年版，第166 页。

制、体格；三则是将身体与结构结合起来加以抽象化，表达的是事物具有稳定性和基础性的部分，如实体、本体。还有一个非常重要的，总括这三个层面的含义的基本性质就是"活体性"：身体感是基于活生生的人；整体结构感不是某种机械累积式的，而是有机构成式的；实体是各种元素有机构成体，而本体则是具有生发和收摄功能的活泉。以这"三层一质"来理解"体"的丰富性才能够更好地理解中华文化的共同体所涵涉的意义。

如前所述，西方的 community 所表达的更多倾向于个体以一种相互认可、自愿组合的方式聚集在一起而形成的一个组织或机构，比如社区、某种性质的联合体等。而中国人翻译它的时候，不可避免地会按照中华文化造词的会意思维方式去理解和领会 community 的这种组织或机构所展现的人文精神。从其所把握的两个方面——"共同"与"体"来看，结合上面对"体"的内涵分析，这个共同体应当被寄寓了以下几个方面的意义：

其一，这个组织或机构的成员有着共同的生活基础、共同的现实问题，以及唇齿相依的利益关系，他们共同行动、风险共担、责任共负、利益共享。但是这种"共"并不是齐头并进、均等无差，而是分工协作、均衡和谐。

其二，这个组织或机构具有某种一致性或者说统一性，这种一致性或统一性源于其内部成员所具有的文化认同的倾向性。在共同的劳作和生活中，组织或机构的成员锻造了共同的经验和文化纽带，因而能够产生共情。例如从正向倾向性来说，均对某种文化传统表示认同、均对某种价值表示认同、均对某种社会生活及其社会关系模式表示认同等等。从负向倾向性来说，均对与正向倾向性相反的事物或现象表示反感或排斥。当然，这种一致性或统一性是大的根本趋势上的，并不是完全的绝对的同一。

其三，这个组织或机构具有整体的性质，这种整体的性质是通过前两个方面建立起来的。正如人体是一个各组成部分、各构成要素精密"合作"、微妙平衡的有机统一体，共同体的整体性质也体现这种有机系统性。一方面，每个成员的个体性的生存需要都要依赖于其他成员的存在所带来的价值释放来满足；另一方面，每个成员都具有其他成员所无可取代的价值和"功能"，在共同体所形成的整体的社会生态中担负着自己的职责。对外来看，共同体作为整体所具有的对外力量源于共同体内部的和谐运转所产生的合力。共同体内部越和谐，共同体越紧密牢固，其对外展现的合力就越强劲，从而其所能实现的现实功能也越强大。这种现实功能往往表现为共同体成员的共同利益目标的推进和达成。

综上所述，对共同体这一概念的理解，中西方是存在差异的。西方文化语境下的共同体关注的是它的价值，即该共同体的存在对于个体成员的利益实现是否具有积极意义；而中华文化语境下的共同体关注的是它的功能，即如何使一个共同体能够发挥最大功能，而个体成员的利益则在这一共同体功能的最大发挥过程中自然而然地得到最大限度的实现。很明显，西方的"共同体"是一种存在论意义上的建构，即将它作为一种"人造物"，打造其关于人的存在合法性。因此，西方的共同体实际上是一个与人对立的存在物，是一个被设计的理想空间，其理论前提是个体的人本身是具有自我存在的完全性的。但是人又不是单独存在的，在资源有限的群体生活中，必然存在自利导致的冲突。为此共同体的存在意义就是被期待能够成为一个理性设计的合理的"社会机器"，通过这个机器的各个组成部分的良序运行，将个体之间的冲突降低到最小程度，使个体在这个机器中能够像被服务的顾客一样自由享受自我存在的完全性。这样一个共同体就是美好的。反之则是败坏的。而中华文化的"共同体"是一种系统论意义上的建构，即将它作为由人本身构成的大写的人的"活体"，它基于每个人所具有的存在特质，即差异，而思考如何使每个人处于其最合理的最能够发挥其特质与价值的位置，从而与其他共同体成员形成一种良性互补的结构和功能关系，然后在每个人自为的创造性活动过程中推动这一共同体"自然"地活动起来——每个人的自为活动及其与其他共同体成员之间形成的互补性协作就是共同体得以"自然"地活动起来的动力来源。通过共同体这一"活体"更为强大的活动力，实现个体所无法实现的更大利益。所以可以说，西方的共同体是实体共同体；而中华文化的共同体是活体共同体。我们在此所讲的共同体是中华文化意义上的共同体。

2. 人类命运共同体

"人类命运共同体"是我们基于对当代国际关系及经济全球化形势的判断提出的一个具有中华文化特征的概念。2017 年 2 月、11 月，"构建人类命运共同体"的理念两次被写入联合国决议 [①]，这表明"人类命运共同体"的概念及其理念获得了国际社会的广泛认同。

"人类命运共同体"的概念提出以后，国内学者对其进行多角度的学理透析，揭示其深厚的中华传统文化底蕴。事实上，包括"协和万邦，万国咸宁""大同世界，天下为公""民胞物与，物吾与也""天下和平，修齐治平""天下和合，共为一家"等在内的思想和观念是中华传统文化精华的体现，也是中华文明根脉之所在。从古到今，正是这样一种和而不同、成己成人、携手共进的人我观、天下观，"引领着中华民族对价值理想世界（天下）的憧憬和永恒价值的追求"。而这样一种极具族类文化主体性的概念和理念之所以能够得到其他族类文化主体的认同，恰恰体现了文化的世界性，证明"人类命运共同体是人类的精神价值世界，是真善美的艺术理想世界，它蕴含在世界各文明思想之中" [②] 这样一个基本事实。然而如前所述，对于"共同体"的认知，不同文化是有差异的。为此，我们不仅是要阐述它的现实意义和价值，更要进一步明确基于中华文化传统及其精神提出的这一概念和理念的完整内涵，及其能够为其他族类文化主体广泛认同的根据所在。

众所周知，人类存在并不是一种单纯的本能性的生存状态，而是一种创造性的人文的生存状态。如果说创造是"有"，那么这种"有"

---

① 参见《人民日报》2017 年 2 月 12 日第 3 版；《人民日报》2017 年 11 月 3 日第 21 版。
② 参见张立文：《中华传统文化与人类命运共同体》，《光明日报》2017 年 11 月 6 日第 15 版。

是产生于"无"的，即创造是一种从无到有的活动及其过程。所谓"无"，就是无先例。也就是说，创造性活动本身是人类面对层出不穷的无先例可循的现实问题而展开的，本质上是一种解决问题的活动。人类存在于宇宙间，存在于与他者，包括自然界、异类与同类等生命物的各种关系系统当中，这些关系系统以其自身存在的同时也以其人文性的存在构成了人类生存和发展的前提、基础、条件。人类的存在过程就是与这些已有的前提、基础和条件相互塑造的过程。这就是人类命运的现实形态。从文化层面来看，"命"在中华文化中有许多含义，但是与人类本身直接相关的，主要是《周易·乾·文言传》中的"各正性命"的那个"命"，即人所禀受于天地（自然）的存在性质，比如生命的长短，男性或女性，天资好坏，身体素质等等，其主要特征是不由人类主观意志决定。而与"命"相联系的"运"，则是指运动及其过程，特别强调的是"流转不息"之意。"运"的主词是"命"，因此命运是"命"的流转不息，即命运应当是指人之先天所禀受的存在性质不断变化发展的过程及其表现。后来人们不断引申其产生机制，将"命"与"气"相联系，将"运"与"道"相联系，从而使"命运"有了更为深层的内涵。总体来说，排除那些神秘化倾向的理解，还原《周易》的人文立场，我们可以对人类命运作出这样的解释：人类存在于自然与社会这两个既相对独立又相互交织的环境中，自然赋予人类先天的资质，而社会对这种先天资质进行雕琢。不论是自然赋予还是社会雕琢都是有某种确定的根据的，即这一过程有天道与人道的交互干预。但天道是人去认识和把握的，人道是人在认识和把握的天道的基础上建立起来的，并且与天道保持内在一致。因而，人类的命运实质上就是指人类在由自身认知与实践所打造的现实境遇——人文的自然与社会环境条件下所呈现出的存在过程与状态。这一解释的基本要义包括如下几点，一是人类的存在本质决定着人类的命运。所谓人类的存在本质在这里就是指人类是一种文化存在。人类通过特有的文化活动，即认识和实践活动，自为地塑造和构造了自身的生存与发展的环境和条件；二是人类的命运是人类共同打造的。自然是一个整体，人类社会则是各族类的聚集；文化活动不是单个人的活动，而是人的类活动。这就决定了人类的现实命运是由族类乃至人类共同打造的。个体的命运表现为在族类（人类）命运的宏观背景之中的个性和细节的变化；三是每一个体的人都参与了族类（人类）命运的打造，因而对族类（人类）共同命运，当然也包括他者命运的形成负有责任。

基于以上理解，我们认为，人类命运共同体就是在共同打造命运的过程中所必然形成的人类关系格局。这种必然性就是说，只要承认人类命运是人类共同打造的（因而荣辱与共），就等于承认人类是一个命运共同体，即人类命运共同体是人类存在的本然形态；这种人类关系格局，简单来讲，就是2011年《中国的和平发展》白皮书中所表述的"相互依存、利益交融""你中有我，我中有你"。

然而，人类存在的人文性即在于本然不等于应然、应然不等于实然。尽管人类命运共同体是一种事实性即客观性的本然存在，但现实的世界关系却并非会顺理成章地自动达成这一结果。从表象来看，各个国家都有自身的利益要求，都有实现自身利益要求的方法、路径的规划。虽然在部分国家之间结成了某种同盟或伙伴关系，但是这种同盟或伙伴关系在很大程度上只是一种基于利益权衡的脆弱关系。正如中国古代战国时期的合纵连横一样，一旦相互之间的利益天平失衡，原来的同盟或伙伴关系就可能中止，甚至反目成仇。在当代，全球化虽然突破了国与国之间的界限，将各个国家的利益紧密关联起来，甚至表现出牵一发而动全身的连锁反应的特性，但是总体来看，世界关系格局仍然处于强（大）国主导、各国发展不平衡、民族利益（实际上被视为）高于人类共同利益的状态。一些国家缺少共同体意识或者这种意识并不强烈，它们更多采取的是维护自身利益的短视的狭隘民族主义的价值立场，甚至为了维护自身利益而不惜牺牲别国利益。表现在现实中，世界范围内区域性的冲突不断尖锐化，国家或地区间贫富差距仍然在扩大，既得利益者不仅在国际关系上，而且在人类面临的危机问题方面主导着话语权。因此，"人类命运共同体"概念及其理念的提出，正是着眼于解决世界经济复杂化与全球化带来的人类社会的普遍问题，寻求建立一种更为合理的国际关系新秩序，构筑一个真正由全世界各个民族国家平等参与、友好协商、携手共建、公平共享的更为有效的全球治理体系。从文化层面看，提出"人类命运共同体"概念及其理念的现实意义就在于将人类关系的本然性凸显出来。这种本然性虽然寓于一切人类文化当中，是不同族类文化的根本共性，但是由于不同族类文化的现实关切不同或思维方式不同，这种本然的人类关系性质并未能得到普遍的重视和形成明确的认知，这是造成当代世界关系格局的深刻的文化根源。提出"人类命运共同体"这一概念和理念，既用力于解蔽，也志在达成共识。因为，只有对自身存在本质——作为人类共同体成员有清醒认知和自觉认同，各主体国家才有可能突破狭隘的民族主义的阈限，致力于构建人类命运共同体，一体性地规划人类共同命运的发展方向。而从世界范围来看，各个民族国家大都是一个独立的族类文化主体，都有自身的文化传统和文化立场，以及本族类的现实利益关切。即使是认识到作为人类命运共同体成员的事实，如果彼此之间只是类似"一根藤上的蚂蚱"，基于某种利益考量而不得不合作或者强行捆绑在一起，而不是出于自觉自愿，那么就不可能与其他成员保持积极的良性互动。也就是说，解蔽只能解决知的问题，却无法强制于行。有共识还要有行动。所以，在知与行之间，尚存在一个共同体文化观念的建设问题。各成员不仅要知道并重视自身作为人类命运共同体成员的本质存在，还必须真正接纳并转化人类命运共同体理念，相应地从自身文化传统中发展出与人类命运共同体的运作精神相一致的观念体系，以成为本族类知行合一地参与共同体一致行动的指导。

二、构建人类命运共同体的文化原则与行动基础

1. 共同体精神与构建原则

《世界人权宣言》第一条："人人生而自由，在尊严和权利上一律平等。他们富有理性和良心，并应以兄弟关系的精神相对待。"这句话

从某种意义上讲也是一种对人类共同体关系的描述。在西方，这种共同体精神或许来源于基督教。因为基督教认为人类都是上帝创造的，所以在上帝面前一律平等，因而这种平等地归属，为人类之间建立起一种共同体关系打下了基础。但是这种共同体精神与我们所讲的共同体精神是有差异的。我们主要不是在某种天然的基础上讨论人类是一个共同体，因为天然的基础可以说在社会动物中都存在，但只有人类才可以冠之以共同体。天然的基础虽然很重要，但是我们更是在一种人为的意义上讨论人类共同体。所谓人为就是指人类是在其自身的文化活动，一种自为的生存与发展性的活动中，感受到"共同性"的。这种共同性不仅是指其具有如西方所讲的平等归属性，更体现为其具有文化创造力，并通过与同类的文化创造力的联合，共同塑造和构造了整个人类的生存与发展的环境和条件。可以说，我们所谓的共同体精神强调的是一种有机生成的人类关系，一种与人类发展动态相关的活动精神。因此，这种人类命运共同体概念及其理念由中国率先提出具有文化上的必然性。

中华文化在人我观、天下观方面所具有的系统思维、辩证思维赋予了人类命运共同体鲜明的合作精神。这种合作精神不只是体现为人类有着共同的命运、共同打造了命运这样一些表面的现象，还包括共同体成员——个体的人与族类的人之间存在一种差异基础上的相互补充、相互支撑、共商共建、共同成长的内在机制。正因为如此人类命运共同体才不能被理解为某种利益的或正义的联盟，或者某种人类可以诗意地栖居的空间场域，而应当被理解为一个不断开辟人类可持续发展前景的大写的"人"，在这个大"人"的内部是和而不同、井然有序的人文生态。也就是说，人类命运共同体实际上是集各就各位、各尽所能的责任共同体，互利互惠、各得其所的利益共同体，相互欣赏、己达达人的关系共同体，平等协商、协调一致的行为共同体为一体的有机共同体。这样一个有机共同体的精神总结起来就是和衷共济。

"和衷"取意于共同体内各成员虽然存在文化差异，但是能够客观公平地相互尊重，相信每一文化及其传统都是该族类的文化智慧，都具有真理性的价值，都为人类的生存和发展作出了贡献，从而主动寻求共识，积极建立相互合作的基础。"共济"取意于共同体内各成员虽然有各自的利益，也不排斥良性竞争，但是能够意识到彼此之间在根本上不仅唇齿相依，而且民胞物与，因而致力于相互扶持、共同进步，有福同享、有难同当。《中庸》说："万物并育而不相害，道并行而不相悖。"这既可以看作是对共同体精神更为具体的表达，也应当成为构建共同体的基本原则。

"万物并育而不相害"本义是指万物都是天地造物，理应先天地共享天地资源，也共同遵守天道生生而存存的规则，既不能逞一己之力强而凌弱，也不能专一己之意强为统治。两种情形都是有违天道的，因而也是于他者有伤的。"万物并育"，育者非人也，乃天地也。人可以赞天地之化育，却不能代天地而行化育。因此万物并育本身就强调的是使物各付各，维护多样性，成性存存之意。"不相害"的要求主要针对的是人，因为只有人才有伤害他者的主观企图。将这种原则落实到构建人类命运共同体上，就是要真正尊重和维护各成员国的主体性，实现共同体公共资源共享，保障各成员国的自我发展权和文化独立性，警惕各种狂妄自大、自以为是的主观施为所造成的对他者主体性及其相应权利的侵犯和伤害。

"道并行而不相悖"的本义是万物各因其道而生发动静，如水往下流、季候轮转、生老病死等天道，如父慈子孝、兄友弟恭、君仁臣义等人道。万物各行其道，既不应相互干扰，也不应相互僭越，这样才能实现和谐有序。万物是形而下之器，而道是形而上的生机。"道并行"，就是承认万物各具道性，各有其自然而然的因由。整个世界之所以千姿百态、丰富多彩就是因为万物都具有这种因道而生的自性。"不相悖"强调的是有序性与合理性。有序性要求万物存守自性，确保基本的生态秩序，即源自天道自然而然形成的秩序。合理性的要求也主要只针对人来说，因为除人之外的事物在本质上都遵从天道本能，因此无不合理。而人类则不同。人类的主观意志往往会使其偏离自己的"道"，或者对他者的"道行"形成干扰，或者逆"道"而行与他者发生冲突，甚至伤害他者。因此这一原则落实到构建人类命运共同体上，就是要求切实尊重和有效发挥滋养了各成员国及其国民的族类文化价值。文化是人类共同的存在方式。每个族类的文化都是在其族类的生存实践中产生和发展起来的，都有着各自合理的内容，合理的视角，都看到了真理的某一面向，因而都有其存在的价值和意义。而构建人类命运共同体是一项复杂和艰巨的人类实践。有学者认为，"人类命运共同体理念涉及政治、经济、安全、社会、文化、生态等多个领域，是对政治共同体、经济共同体、安全共同体、社会共同体、文化共同体等的进一步概括和升华"[①]。也就是说人类命运共同体的构建是一个全面和全效的活动：人类命运共同体所面对和要解决的是全人类的可持续发展问题，只有建立更为真理性和全面性的认知，才有可能更加趋近和达成这一宏远目标。这就要求各个民族国家、各个族类文化主体共同参与，集思广益、群策群力，以对治当前以及未来人类在政治、经济、社会、文化、生态等各个领域出现的问题，推进人类共同进步。在这个意义上的道并行不相悖，就是要将话语权交还给每个族类文化主体，使他们都有发挥作用的空间，都有贡献智慧的机会；要不仅尊重其族类依据其文化指导进行发展的自主性，而且鼓励和加强文化合作，通过不同文化主体根据自己的文化思路拿出特色方案，来寻求"多文"齐下、"综合"治理的更为缜密和优化的路径。

至此我们不难看出，基本原则是普遍性的、宏观的。而就微观层面来看，每一共同体成员参与构建人类共同体同样存在一些必要的文化原则。

首要原则就是先要有"自我"，即文化的主体性原则。世界各个族类由于各自的生存环境及其所决定的生产生活方式，使得其文化的创造活动必然是千差万别的。这是人类活动的规律。因而，没有任何一种文化能够取代他者文化的存在及其价值。同样，也没有任何一种他者文化能够代替本族类的文化，成为本族类生存与发展的精神支撑。

---

① 王存刚：《人类命运共同体理念引领人类文明进步方向》，《人民日报》2017年7月27日第7版。

所以文化上的历史虚无主义是无知和荒谬的，持这种文化观，则本族类在人类共同体中注定会被湮没而丧失作为成员的资格。坚持文化的主体性原则就是要有文化自知，明确自身文化的价值和定位，这既包括本土文化对族类文明发展的历史价值和时代意义，也包括本土文化之于人类共同追求之真理的价值，以及对人类共同体未来发展的价值。只有首先建立起这样的文化观才有可能进一步自信地作为共同体成员，与其他文化主体平等地交流、贡献自己的意见和建议。这也才符合我们上面所提出的人类命运共同体的精神。

第二个原则就是自觉与其他文化保持互动和交流，即文化的互补性原则。如果说文化的主体性原则是基于对自身文化的积极价值的认知和认同，那么文化的互补性原则就是基于对自身文化缺陷的理性认知和努力弥补缺陷、寻求更好发展的自觉要求。如前所述，人类的文化创造有其特殊性，这种特殊性不仅包括文化主体之思维所能接触到的对象的特殊性，而且包括主体思维本身的特殊性。因此，任何文化都只是从自身的立场和角度去认识自然界、人类社会乃至整个宇宙的真理，虽然一定都有其合理性，但是也一定存在片面性，这是必然的事实。因为真理是关于事物的全体，而即使是整个人类，其所能认识的也永远只能是部分。因此为了获得对真理的更多认识，就有必要去了解其他文化的立场、视角、观点、方法，找到其能够与自身文化形成互补的方面。当然这里所谓的"找"，强调的既不是别人给而直接接受，也不是拿来主义，而是基于自身文化的主体性，基于对自身文化的深刻认知，去寻求真正有益于自身发展的因素，是一种自觉的自主的"找"，具有自主选择的意义。自主选择就是以我为主，择其善我者而从之，择其不善我者而舍之；就是以发展的眼光，通过持续地接触和比较[1]，根据族类发展的不同阶段的需要，寻求其他文化不同方面的

---

① 之所以需要长期持续地接触和比较，是因为要了解各个族类文化的精神及其文化精华并不是一件容易的事。浅尝辄止、浮光掠影、急功近利等方式都无法真正将其他文化对于我文化的有益资源合理发掘和有效利用。不同文化之间的差异是深层而巨大的，一旦在理解上失之毫厘则在实践上就可能谬之千里，会造成重大损失。

有益资源。如果丧失了这样一种自主选择性,就等于放弃了文化的自主性。而放弃了文化自主性,只会沦为其他文化的附庸,失去话语权,当然也就谈不上文化互补。

第三个原则就是文化的贡献性原则,即主动地贡献本族类文化的意见和建议,为共同体的建设提供参考。人类命运共同体所面对的是整个人类的共性问题、根本问题,这些问题往往具有累积性(历史性)、全局性、复杂性和紧迫性。如前所述,人类的命运是人类共同造就的,这就意味着,人类所面临的一切问题,其成因不是某一两个国家造成的,因而其解决也不是某一两个所谓的优势或强势文化主体可以决定的。每一族类文化都有能力从自己的文化立场思考这些问题的解决办法,并且,任何问题都不只是我们所看到的表面那样,还存在许多暂时看不到或看不清的隐性方面。因而关于某一现实问题的真理性认识就需要依赖所有人类文化尽可能提供自己的智慧和思考,以作为一种知识储备。即使当前不一定能用上,但是在问题进一步发展的过程中却可能用得上。总之,每一共同体成员都需要具备共同体意识,既共担责任,也共同行动,当然也共享成果。各成员在明确本族类文化价值的基础上,要积极、自信地行使话语权,贡献自己的意见和建议,提出解决共同体面临的问题的文化方案,以供参考。

"自从人类在地球上出现以来,大部分的时间都生活在隔绝的小团体中,每个团体有自己的语言、自己的世界观、自己的风俗制度、自己的前提。现在当全体人类亟须彼此了解以达到世界大同之境的时候,这些差别分化了不同的民族,成为痛苦和冲突的来源。"[1]因此,构建人类命运共同体不仅是中华文化天下大同的美好愿景,更是当前世界形势和人类整体发展的紧迫需要。从古到今,人类追求的意义归根到底是两个方面,一是自由,二是确定性,如何将看似矛盾的二者优美地统一起来,考验着人类的智慧。"仇必和而解"。我们所遭遇的一切矛盾和问题从某种意义上看都只是存在于平面世界。在立体的多维

① [美]基辛:《当代文化人类学》,陈其南校订,于嘉云、张恭启译,台湾巨流图书公司1980年版,第9页。

空间，看似纠缠的事物，总能在某个角度巧妙地错开。大到宇宙，小到个体，和而不同、井然有序是唯一能够达至自由与确定性双赢的路径。因此，各族类文化主体必须正视和尊重人类文化多样性的事实，跳出狭隘的民族主义的立场，建立全局和长远视野，包容异己文化，相互鼓励、相互欣赏、相互补充、共同进步。正如张立文先生所总结的："人类命运共同体理念，以和平、发展、合作、共赢为宗旨，以尚和合思维为指导，以和生、和处、和立、和达、和爱为原理，融合、协调、化解各种错综复杂的冲突、对抗，而达尚和合的目标。天地自然、草木禽兽、民族国家、人民大众，都是实存的生命体，应遵循'和实生物'的'万物并育而不相害'的共生、和生原理；政党集团、宗教派别、民族种族、冲突各方，应按照'和而不同'的'道并行而不相悖'的共处、和处原理；社会制度、道路选择、价值观念、思维方式，应根据'己欲立而立人'的'己所不欲，勿施于人'的共立、和立原理。这是人类之所以生存和持续存活的根源，也是和生、和处、和立、和达之所以能实施的基础。唯有如此，才能通达人类命运共同体的愿景。"①

2. 构建人类命运共同体的行动基础

在理论层面，不同族类的文化是有差异的，这是一个客观事实。然而我们也知道作为人类存在的方式，文化之间必然具有共性，这也是客观事实。因此，不能将差异作绝对观。事实上，族类文化的差异是在人类文化这一中观视野加以辨析的结果，一旦跳出人类世界，在更为宏观的层面，从包括自然在内的整个生命世界来看，人类文化的共性就不言而喻了。以这种宏观视野所得到的认知反观中观世界的族类文化差异的相对性，就有可能突破族类文化主体之间的异己思维局限，实现不同文化之间的尊重与欣赏、认同与唱和。而在构建人类命运共同体问题上，也只有作为共同体成员的不同族类文化主体首先在

---

① 张立文：《中华传统文化与人类命运共同体》，《光明日报》2017年11月6日第15版。　179

文化层面建立起对人类命运的共识，建立起共同体意识，才有可能超越狭隘的民族主义立场，采取相互配合的联合行动，共同迎接命运的挑战，开创人类发展的新阶段。在现实层面，当今世界，随着全球化的深入发展，一方面，整个人类及其社会生活越来越紧密地联系在一起。经济、政治、文化、生态及其内部的各个组成部分之间的一体互动关系越来越显明化；而另一方面，人与人之间、人与政府之间、国与国之间、民族与民族之间、不同文明体系之间的冲突与对抗仍然存在，并且以时而激亢狂暴时而潜流暗涌的方式在世界的不同区域、社会的不同阶层、文明的不同形态当中或之间发生。在这样一种时代境遇下，人们更加追求和谐、和平、安宁的社会生活，追求彼此尊重、相互理解，期望通过沟通对话达成关于社会生活与人类关系的基本共识。所以我们认为，建立文化共识是构建人类命运共同体的行动基础。

所谓共识，就是指人们之间就某一问题形成基本一致的认知，或者说人们之间在对某一问题的认知上存在基本一致性。这两种情况是不同的。前者是以尊重差异为前提，通过沟通对话寻求不同文化的某种交集来建立的一种相互理解，比如翻译中所体现的文化精神；后者是以人的同类性为前提，表现为英雄所见略同的共鸣。

就第一种情况来说，共识实际上是在相互磨合中达成一致认同并人为设定的"置换观念"，其作用类似于市场交换中的世界货币。作为"置换观念"观念，并不是凭空想象出来的，而是基于不同文化中的共性因子，即那些"不受时代生活的局限、不被民族性格所约束的成分，非时代性非民族性的成分，或人类性的成分"，"这些成分，或适用于全人类，或适用于全历史，而成为民族传统中的超历史者"。这些"超越成分的存在，是不同民族能以相互理解的根据，不同时代得以前后传承的基因"[①]。比如在权利概念的翻译中，最早就是日本学者结合其所理解的中国传统文化中的相关概念的内涵和外延与西方文化中的"right"所包含的内涵和外延，通过相互比较而人为设定的一个新名

① 庞朴：《文化传统与传统文化》，《中国社会科学季刊》1993年第4期。

词。这个新名词从根本来说，既不等于中国传统文化中他所选择的相关概念，也不等于西方文化中的"right"，而是一个"置换观念"。一旦这个"置换观念"得到了双方的认同，就意味着双方在这个置换观念所包含的内容方面取得了共识。这是一种理性基础上形成的共识。通常意义上的不同文化之间进行交流所形成的共识大多是这种情况。

　　第二种情况的共识所赖以形成的基础是人类自身的类特质。"作为动物的人类，彼此是相同的；作为人性的人类，存在和发展的样式也大体相似。"①因而人类在精神与实践活动两个方面的表现往往可以直观地相互理解。比如我们在语言不通的情况下，可以通过肢体的运作、面部表情等身体语言，和音乐、绘画等直观方式直觉或领悟到彼此想要表达的意思。这种共识不必依赖于某种创制文化，而可以直接基于人类先天的或者说天然具备的相互理解力，以人的类感性经验为媒介而形成直观的认同。这种共识的原理也是中国儒家"推己及人"的内在理据。推己及人之所以可能，就是预设了己与人之间在基本面，特别是心理层面具有达成共识的基础，即所谓人同此心，心同此理。所以，己之所欲亦可能为人所欲，反之己所不欲亦可能为人所不欲。于是就有了"忠恕"原则："己所不欲勿施于人"与"己欲立而立人，己欲达而达人"。这种共识在不同族类之间的文化交流中往往具有先期的重要价值，原因就在于其感性的基底使得文化交流成为情感共鸣。

　　然而不论是理性基础上的共识，还是感性基础上的共识，必须认识到，人类文化之间的共识总是相对的，或者说只是一种自以为是的共识，并不存在某种绝对的共识，绝对的人类标准。正因为如此，不同文化之间在建立共识的过程中经常会产生一些差强人意的问题："形形色色的民族主义者将自己的传统吹嘘为人类的，强迫或诱使别人接受，是没有根据的，也难以奏效；除去证明他自己的无知或狂妄。民族内部某些成员鼓动大家效法外族传统，民族领袖规定人民遵循外

---

① 庞朴：《文化传统与传统文化》，《中国社会科学季刊》1993 年第 4 期。　　181

族传统，都只能停留在宣传上或法令上，而难以深入人心。"①所以，我们需要建立对人类文化差异与共性的客观理性的认识，将对人类理想社会生活的追求与现实存在的问题并列起来考虑，寻求消除隔阂、催生共识的合理路径。

第一，共识的基础是乐观但谨慎地强调共性。人类总是通过自己去理解外部世界的。这种通过并不仅仅是指通过人的物质性的感觉器官，而更是指通过自我意识，即人类首先要内在地感知到自我的存在，然后才能推己及人地理解外部世界。所以所谓共识实际上是将他者的存在置于自我建立的观念系统中加以比较、分析和还原，使之对应于自我的存在而产生的一致感。如果不一致就是矛盾和冲突。遵循这种自我对他者存在信息的过滤，当人们谈到共识的时候，往往强调的是彼此不同的人或人群之间存在的共性。因而很明显，这种对人或人群之间的共性的理解建立在以自我的观念系统作为先在参照和标准的基础上，具有强烈的主观性。当然主观并不等于错误。从人的类属性与社会生活的同质性来说，每一个自我都有与他者的自我相类同的本质。因此推己及人是人己之间建立同情地理解的重要途径。但是主观也一定具有片面性。任何个体的视域，即关注的重点都是有限的。根据信息加工的理论，基于有限视域，个体所能收集到的信息以及进行的信息加工处理，直至最后的思维成果都会产生个性化的经验差异。根据差异立场，甚至可以说人们最终建立的内在观念体系不可能与他者的内在观念体系有任何的重叠，而只可能是某种程度的相似，正如世界上没有任何两片相同的树叶。所以，"在一种文化中有意义的东西可能与在另一文化中有意义的东西有所不同"②。在这种意义上，任何关于共鸣的、共识的感受都不过是某种程度上自以为是的应然，而不是实然。所以当我们选择从人类观念的共性方面寻求达成共识的时候绝不能过于乐观，而必须保持相当的谨慎。这种谨慎就是对自我主观立场的"认为"的克制。

---

① 庞朴：《文化传统与传统文化》，《中国社会科学季刊》1993 年第 4 期。
② ［美］哈维兰：《当代人类学》，王铭铭译，上海人民出版社 1987 年版，第 282 页。

那么在人们寻求共识的过程中,如何克制自我主观立场的"认为"的滋生?严格来说,自我主观立场的"认为"是不可避免的,但是我们有可能纠正个体化倾向及其造成的理解偏差。关于这个问题安乐哲教授在其文《差异比较与沟通理解——当代西方学者研究中国哲学的倾向及障碍》中谈得比较清楚。我们归纳为以下几个方面。第一,在信息接收的环节,对他者信息的理解要尽可能地拓宽意义边界。西方汉学家理查兹(I.A.Richards)提出以"多重定义"法进行对中国哲学的翻译就是这种意义上的纠偏。"理查兹认为正是因为我们接受某种定义而非另一种定义,才使我们处于不同的哲学营垒中。"[1] 因此他建议通过"放弃"特定语义预设和"模糊"术语边界来扩大对与自身文化体系不相同的文化语汇的理解,使之包容尽可能充分的意义而贴近该文化体系本身的视域,即以开放的心态去接收非自我立场或视域的他者所关注的信息源。第二,在信息处理的环节,对他者信息的加工要避免仅仅使用习惯的思维模式。"应当谨防的是不能把一种结构(我们西方特殊训练使我们极易操作这种结构)……唯心主义、现实主义、实证主义、马克思主义……强加于可能根本没有这种结构的思维模式之上,而后者可能无法用这种逻辑工具来分析。"[2] 如果简单地设定一种思维模式去处理两种性质差异明显的文化观念的对释,就可能出现张冠李戴的不协调现象,同时也难以将两种文化观念的优长真正体现出来:"很清楚,来自我们形而上学和认识论上的先入为主的偏见是我们诠释中国古代哲学的障碍。正是形而上学和认识论使我们的哲学用语偏离到理性主义的方向上去了,也使得我们哲学语言的美学性一面未得到相应的发展。"[3] 第三,在信息表达(输出)的环节,需要运用自己熟悉的语言。语言只有在熟悉的情况下才能更好地表达被"我"所理解和内化的外来信息。而在并不熟悉他者的语言系统的情况下,运用

---

① [美]安乐哲著,温海明编:《和而不同:比较哲学与中西会通》,北京大学出版社
　　2002年版,第20—21页。
② 同上。
③ 同上书,第22页。

他者的语言系统所表达的意思很可能更加偏离对方的观念体系。因为每一文明形态下所形成的观念体系都有根源于其语言系统和社会生活的一体化性质，这使得外在于这个语言系统和社会生活的人在运用这种语言系统去理解和诠释整个观念体系的时候难于全盘把握，很容易顾此失彼或画蛇添足。为了避免在语言表达过程中强化这种偏差，安乐哲教授认为，首先必须强调差异文化的特质性，"这一系列特质可以作为一种感觉概念进入我们的意识，为我们如何理解和翻译这一文化传统设下一个界限范围"，提醒我们哪些观念是那个文化传统所不可能意指或包含的。其次应有意识地保留差异文化中的关键内容，使之以自身的面貌直观呈现，"在从事将关键哲学术语翻译成另一种语言和另一种世界观的困难工作时，哪怕我们肯定做不到提供'知之为知之'之知，我们至少也可以通过提醒我们注意'不知为不知'之知而有所受益"①。这就是要求在寻求共识的过程中保持谨慎的乐观。

正如美国人类学家沃尔夫（Eric Wolf）所指出的，"我们还没有充分意识到，如果我们没有能力进入和理解其他国家兄弟的认知和情感，全世界兄弟团结合作的理想就不会实现。西方人已经通过美学和文学，对东方人的情感有了一些了解，但这还远不足以在思想之鸿沟上架起桥梁。真正东方形式的科学思想以及对自然的分析，其逻辑思维基础究竟是怎样的类型，我们仍知之甚微。这就需要对当地语言的逻辑进行语言学研究，而且必须意识到，它们的逻辑与我们自己的思维习惯有着同等的科学效力"②。

第二，共识的前提是有底线地尊重差异。事实上，造成人类冲突的差异并不是人类先天自然性的差异，比如人种方面肤色、体形、能力偏向等方面的差异，而是对这种先天差异的认知及其形成的观念，即人类冲突的本质是观念的冲突。如前所述，思维的异质性是使人类

---

① ［美］安乐哲著，温海明编：《和而不同：比较哲学与中西会通》，北京大学出版社2002年版，第22—23页。

② 转引自申小龙：《前言：语言的人文性与汉语的人文性》，载《汉语与中国文化》，复旦大学出版社2003年版，第11页。

观念产生分野的主要原因。从文明的平等性来说，我们必须尊重这种文化观念的差异，承认在我们之外的他者有权利因其自身的观念指引而生存和发展。但是尊重差异并不意味着允许一切不合理的观念存在，即尊重差异是有底线的。人类基于共同本质和同质性的社会生活必然具有一些基本的价值（共性观念），这些基本价值构成了尊重差异的底线。尊重差异是在这一底线的基础上来讨论的。也就是说，任何人类文明形态及其影响下的社会运行、社会生活、人群都必须遵循一些基本的价值。这些基本价值是从人类作为一个类的、种的生存与发展的立场确立起来的，对于人类而言具有最广泛的意义。比如《周易》揭示的人类对生生与存存的欲求。生生就是生命的繁衍，存存则是更高的人性层面的可持续发展。尊重差异必须以有益于人类的生生与存存为底线。

关于生生，当我们从各自的立场看自身时，这一问题上的共识是不难达成的。因为正常情况下，任何人类个体或群体都会将自身的生生当作应然事件。只有涉及他者的生生问题时才会出现冲突。原因当然主要是观念问题，即只有将他者的生生视为对自身生生的威胁或者干扰的时候，自身的生生才会与他者的生生之间产生冲突。在一些文学作品中，常常会涉及这类关于人群与人群的冲突问题。比如《雪国列车》这部作品。在这部作品中，灾难带来的资源匮乏是人群之间生生冲突的基础性根源；但更为本质的根源在于不同人群对他者与自身的价值定位，即对人的差异的社会性评价，由此造成了评价为具有高等价值的人的生生与评价为具有低等价值的人的生生之间的剧烈冲突。所以要在生生的问题上达成共识，必须确立人类一体性的生存观念和价值基础，使人类整体的生生超越于任何个体的或群体的生生之上，并作为一种对个体与群体社会行为的限制，纳入底线共识。

而关于存存，则是一个更为复杂的问题。人性是人类开展社会活动，以人的方式存在和发展的根据。以人的方式存在和发展是人类的普遍要求，但是这一要求并不是自然明朗的。究竟什么是人，如何确定属人的存在方式和状态以区别于其他类或种，对这些问题的思考及其思维成果构成了人性观的基本内容。在不同文明条件下,受感性经验和思维范型的制约,人们对人性的认知是有差异的。但这种差异主要涉及人们对人在自然—社会、生理—心理两组关系中的现实表现的不同理解,而不应涉及对人的共同本质的怀疑。也就是说,人作为一个整全的类或种,其在本质上具有基本的相互认同。这种认同从古到今、从东到西,不论何种文明阶段,原始的或现代的,也不论何种文明类型,都是必须得到维护的基本理念。《易传》讲"成性存存,道义之门"。存存突出的就是对人性(这里暂不讲物性)的成就和维护,而道义之门则体现了人性之保全对于人类社会生活的展开所具有的基础性意义。从世界历史和文明的发展来看,对人性认知的差异可能影响人们对社会实践活动的方式、手段、目标等的选择和评价,也会影响人们建立对其他社会问题的认知。但是就人性作为普遍的人的本质来说,任何一种人性观都必须内在地满足对全体人类存在方式和状态的关照。也就是说,任何一种人性观及其建立在这种观念之上的整个观念体系和在这一观念体系指导下进行的社会实践活动,都必须以保全包括自己在内的全体人类以人的方式和状态存在与发展的这一底线要求。孔子曰:"己所不欲勿施于人。"人之所欲或者各不相同,但己之不欲却要作为保全他者人性的基本底线。人性之存存必须作为一切人类行为及其背后的观念合理性的终极标准。任何背离人性或否定他者之人性的人类行为都是反人类的,最终不是毁灭自身就是毁灭人类。

生生是存存的基础,而存存是生生的保障。没有对人性存存的坚持,生生就可能演变为人群之间的相互倾轧,其结果最终断绝了人类的生生之道。所以作为尊重差异的底线,二者不可分割,缺一不可。

第三,共识的实现是共性观念倡导下差异化地自然趋近。所谓共性观念倡导下差异化地自然趋近包含三层含义。首先,共识的实现需要有共性观念的倡导。大多数情况下,共识不是自然形成的,而是一个人为催生的结果。尽管人类在社会生活的现象、规律等方面具有同质性,因而具备形成共识的基础,但是不同文明之间仍然存在个性化的现实需要。而且通常,个性化的现象更容易为人们关注,而共性化的方面则隐藏较深不容易为人们发现。所以如果不作人为的大力倡导，人们对于共识的基础也可以视而不见。其次，共识的实现必须切实尊重差异。现象与观念的差异不是人们自我强加的，而是客观存在的事实。在不同思维范型的引导下形成的思维观念必然具有局限性，这种局限性是使思维特质化发展的重要原因。共识只能是在尊重这种差异的前提下，通过推动不同文化之间的平等地交流对话来实现。通过平等地交流和对话理解并吸收他者的优长，弥补自身的缺陷，从而更好地全面地发展自己，这是文明演进的共性倾向，同时也只有这样才能使自身特质化的存在价值得以实现。再次，共识的实现是一个相互接纳的过程。共识的实现应当是不同文明主体在认同所倡导的共性观念之价值的基础上，自由地选择、自然地发展的结果，而不是任何意义上的观念替代、拔苗助长或天下一统。

就第一个方面来看，我们提出构建"人类命运共同体"就是一种共性观念的倡导。如前所述，"人类命运共同体"反映了人类不同族类之间的存在本质，因此从事实层面来看，各个族类对于这种共性的存在本质不论是从经验直观还是从理性分析都可以认识到的。从这一理念提出之后国际社会的反应也可以证明它是一种共性观念。但是即使如此，"人类命运共同体"的构建也并非不需要推动就可以自然实现。各族类文化主体受制于维护自身利益的视野局限，在真正涉及落实这一共性认识，维护人类整体利益的时候，就可能难以超越狭隘的民族主义立场，而表现出知而不行，甚至干扰和阻碍其他共同体成员完成自己的使命。所以积极的倡导是必须的。越是经济与社会发展实力强、国际影响力大的共同体成员越应当自觉成为构建"人类命运共同体"的切实拥护者和实践者，在基本事务中越需要担负更多的责任和义务，以形成一种良好的促进机制和有效监督的国际环境，以尊重共同体各方自身利益和文化差异为前提，不断调整和维护共同体文化生态的动态平衡。

就第二个方面来看，文化是维系一个民族、国家、社会共同体存在和发展的根脉，因此文化意义上的尊重差异不同于其他领域，比如经济、政治合作中建立的以利益为核心的契约平等关系。文化上的尊重差异要求切实尊重文化的主体性。因为丧失了文化主体性，就意味着这个民族、国家、社会共同体失去独立性，必然沦为强势民族、国家、社会共同体的附庸，不仅丧失表达自己文化立场的话语权，听任摆布，而且有可能导致民族、国家、社会共同体事实上的消失。近代历史上，一些殖民国家对其殖民地国家强制进行的文化改造，使得这些地区的文化主体性丧失，进而原有的国家属性甚至民族属性也事实上丧失。而在当代，世界范围内民族矛盾的激化，甚至恐怖组织的肆虐，在很大程度上也与文化主体性被剥夺有着深刻关联。正因为文化主体性对于一个民族、国家、社会共同体如此重要，因此在寻求共识的过程中切忌固执先进文明的优越立场，以施舍、解放、发展（开发）其他文明的姿态建立所谓的平等交流对话，否则必将刺激文化主体国民众文化心理上的对抗。其结果，不止共识无法达成，而且冲突在所难免。

就第三个方面来看，每一文化主体都有自身的发展脉络，这种发展脉络是与其传统的思维范型紧密结合的，是一套有机的不断生成的活的体系。每一社会发展阶段，这一活的观念体系都会在新的社会现实的刺激下，通过传统的思维范型这一"加工厂"，生成与观念传统的核心价值内在一致的同时又适应新的社会现实的观念。在这个意义上可以说，真正的共识并不是具体观念上的一致，而是不同思维传统下的核心价值之间的同气连枝。当然核心价值不是自然呈现的，它必须依托具体观念来表达，为此，共识的达成是在两个层面实现统一，一个是深层的核心价值的内在相通，一个是表层的具体观念的趋同。而两者实现统一的模式只能是表层的具体观念的趋同以深层的核心价值的相通为根基。所以任何被认为是普遍性的价值都有可疑之处，都要考察其深层的核心价值基础；任何关于普遍性价值的语言表达同样是可疑的，因为语言表达作为思维过程的最后环节，即输出观念的环节，同样是异质性思维范型的产物。因此要在异质性的思维体系之间建立有效而可靠的连接，必须使连接的介质具有普适性，能够生长于不同的思维体系之中，或者说其本身就是从异质性的思维体系中提炼出来的共性部分。也就是说，共识实际上只能是依赖于在异质性的思维体系中存在的共性介质的转换来达成。

正如《周易·系辞传》所说"天下同归而殊途，一致而百虑"。不同人类文化作为各自族类存在的方式，必然是千差万别的，但同时也必然因为种或类的一致本质而有着共同的生存基质。基于这样的双重事实，不同族类文化之间共识的实现只能是这样一种进路：在共同价值的倡导下，坚持文化主体平等的原则，认同并允许他者文化自由选择、自然"生长"，自觉地趋近。也就是说，共识实际上是各族类文化"同归而殊途"地发展的结果。

"同归而殊途"内在地切合中国传统的"和"文化精神与"和而不同"的处事原则。在中国的文化传统中，"和"是一种源远流长的文化精神和处事原则。作为文化精神，"和"追求的是静态的差异化并存和动态的互动性和谐的境界或状态；作为处事原则，"和"强调和而不同，其中和是目的，不同既是必须正视的事实，也是人可以有所作为的地方，即将静态的不同发展为动态的和谐。也就是说，"和"的奥义恰恰在于，不仅承认不同，而且强调保持这种不同的重要意义。没有不同，就无所谓和。所以"和"只能是建立在差异的基础上的动态平衡状态。构建人类命运共同体在某种意义上就是构建一个不同族类文化共存共进、和而不同的人文生态系统，使多元各方之于共同目标的实现的积极效用尽可能充分地发挥出来。

在中国历史上，"和"的文化精神和处事原则被广泛和深度地运用于认识和解决各个层面的社会问题，包括外来文化与本土文化的关系问题。具有明显差异的不同文化通过"和"的方式互相交流达成文化共识，进而相互影响、渗透，终至相互融通。庞朴先生对这种不同文化的交流、融合过程进行了生动描述："不同民族不同文化只要存在，便可能有接触；只要有接触，便有交流；只要有交流，便有变化。但是，从接触到交流到变化，中间有着一系列复杂的过程。大体说来，两种不同文化（带着自己的文化传统）由于婚媾、交通、贸易、扩张、侵略等原因而接触而互播时，起先往往互相惊奇，彼此观望；尔后则互相攻讦，彼此拒斥；最后乃互相学习，彼此交流。而学习所取、交流所得，仍待经过自己文化传统这个'有机体'的咀嚼、消化和吸收，或者叫作整合，才会加入为传统的一个新成分，带来传统的变化。"[1] 由此可见，不同文化之间共识的达成首先要经历一个文化的理解与接纳的过程，这个过程表现为他文化的为我所用。这种为我所用不是简单地嫁接，而是发生一个消化过程，消化过程就是只收营养的过程，目的是帮助自身机体获取更好发展的动力。有学者形容为有机的化学反应，我们认为还不太准确。两种文化的接触不可能是一种产生新事物的化学反应，并不是产生了某种新文化，因为事实上并不是两种文化本身接触产生变化，而只能是通过人类，特别是通过人类的精神活动发生变化。而人类的精神活动是生命活动的一种，其成长的原理恰如身体对营养的吸收，会经历由排异到逐步适应和接受的过程，其结果不是产生新的机体，而是使原有的机体更为健康、能力更为增强。历史上的印度佛教之化为中国佛教就是在"和"的作用下经过中国本土文化的"汰滤"与"冶炼"而形成的文化现象。可以说正是由于中国佛教的建立，中国文化与印度文化之间就有了建立共识的基础。所以我们认为"和"作为一种文化精神和处事原则，其所倡导的不是文化差异的取消，而是差异文化在相互作用过程中的自我成长。这种符合生命成长与发展的事实及规律的文化精神和原则具有超越性的价值，或者可以用以对治当代中西文化的关系以及全球各种不同文化的关系，实现文化意义上的天下大同。

所以，同归不等于齐一。文化之和必须是一个自然而然的过程，不可强行为和而和。在建立文化共识、构建人类命运共同体的过程中必须坚持本族类的文化特色，这种坚持不能一概贬斥为民族中心主义。事实上各民族的文化都有自身与其他文化不可通约之处，我们应当予以充分认识和尊重。"不同的群体自然有不同视界，然而成为规范

---

[1] 庞朴：《文化传统与传统文化》，《中国社会科学季刊》1993 年第 4 期。

的，却只有属于权势群体的视界。这是相互理解的困难所在。"①在西方占据近一个世纪的话语霸权的情况下，让西方学者甚或是被西方文化所挟持而不自觉的中国学者认识到每一族类文化都有权要求一个能够与西方文化在真正平等意义上进行交流对话的地位是不容易的，都有可能被敲打或责难。因而，"在一种占优势的权威话语之下，起而对话的总是弱势的一方，此时唯有深刻的民族文化立场才能揭示民族文化的精髓，才能使对话真正具有意义"②。也就是说，在这样一种文化偏见和独断依然存在的全球文化局势下寻求共识，不仅是那些倨傲于西方文化中心论而不自觉的学者需要反省地把心态放平姿态放低，我们也要能够立足于并且彰显我们自己的文化立场，不屈不挠、不卑不亢。"我们在'文化认同'中确认了自己的文化立场和在世界文化中的位置，从这里开始与其他文化对话；我们通过对话，通过对其他文化和理论的理解和悦纳，又找到了更真实、健全的自我。"③这不仅是当代及未来中国学者应有的人文精神和应担当的历史使命，也是任何一个族类文化主体参与构建人类命运共同体所必须坚持的基本立场。

---

① 转引自申小龙：《前言：语言的人文性与汉语的人文性》，载《汉语与中国文化》，复旦大学出版社 2003 年版，第 15 页。

② 同上书，第 17 页。

③ 同上。

后　记

　　"人文化成"是"文化"一词在中华传统文化中的原初本意。

　　所谓"人文化成"，顾名思义，即是圣贤以人文来化成天下。

　　为方便解释，我们可以尝试以语法分析的方式来逻辑地探讨以下几个问题："化"是此言中的谓语动词。那么，谁来化？化谁？以什么化？化成什么？

　　回答好这些问题，也就明白了作为"人文化成"的中国传统文化。

　　首先，谁来"化"？本来作为自然界的存在者之一，人类只要因循"天道"即可。但"四时行焉，百物生焉"的天是不言的，"天何言哉？"（《论语·阳货》）因而并不是每个人都能够认识并把握"天道"并化为"人道"以遵循之，所以需要有圣贤——也就是"先知""先觉"者，"天之生此民也，使先知觉后知，使先觉觉后觉也"（《孟子·万章上》）。人生来的禀赋有所不同，而这些"先知""先觉"者就具有强于常人的认识和把握"天道"的能力。上古传说中的燧人氏钻木取火、有巢氏造屋、神农氏尝百草、仓颉造字等都是对这些人格的典型塑造。

　　其次，化谁。主要是"后知""后觉"之人。其实准确说应该是未知、未觉之人。值得注意的是这里的未知、未觉者不仅仅指老百姓，统治者中的未知、未觉者也属于教化的对象。如孟子所提出，而被程朱所践行的"格君心之非"（《孟子·离娄上》）的理念即是如此。

　　再次，以什么化？以"人文"化之。人文哪里来？不是圣贤制定的。如同孔子所说，他是"述而不作"的——因循而不造作。因循什么？《周易》中说："刚柔交错，天文也；文明以止，人文也。观乎天文，以察时变；观乎人文，以化成天下。"(《周易·贲卦·彖传》)可见，"先知""先觉"者以"人文"化成天下，而这一"人文"并不是"先知""先觉"者之造作，而是他们通过仰观俯察、探赜索隐、极深研几、原始反终，以明于"天文"，进而化为"人文"，并因循之。

《周易·系辞下传》中所列举的包牺氏、神农氏、黄帝、尧、舜、禹以及后世圣人，他们之所以能够创造和制作出各种有利民生的人文事物，无不需要通过仰观天文，俯察地理，近取诸身，远取诸物，以"通神明之德"，"类万物之情"。八卦就是通自然之变，使"天文"遂成"人文"的伟大创作——包括因《离》而结绳为网罟，因《益》而教行耒耜之利，因《噬嗑》而成天下交易，因《乾》《坤》而平治天下，因《涣》而成舟楫之利以济不通，因《随》而服牛乘马引重致远，因《豫》而重门击柝，以待暴客，因《小过》而成臼杵以济万民，因《睽》而制弧矢以威天下，因《大壮》而制宫室以待风雨，因《大过》而行葬以棺椁，因《夬》而制书契以治官察民。这些成就或者说事功都是将自然世界（天文）与人类社会（人文）一气贯通的结果。

最后，化成什么？君子人格。《周易》有云："通其变，遂成天下之文。"(《周易·系辞上传》)"通其变，使民不倦，神而化之，使民宜之。"(《周易·系辞下传》)可见，"通变成文、化宜天下"是文化的重要功能。世人因循"人文"，通过成人、成己的不断修养，进而成就中华文化几千年来所追求的君子人格，最终达到万物和合的大同世界。

和而不同是中华传统文化的重要特质。

不论是史伯所提出的"和实生物，同则不继"(《国语·郑语》)，还是孔子所提出的"君子和而不同，小人同而不和"(《论语·子路》)，都是强调要尊重不同，兼容并蓄。

就像学术界有地缘政治、地缘经济等研究路径一样，文化也有很大程度上的地缘性。山地国家和岛国，内陆国家和沿海国家，热带国家和寒带国家,沙漠与草原等地缘环境,都会影响一个国家的文化形成与积淀。再加上一些历史发展中的偶然因素以及人为因素,在"历史惯性"的作用下,便形成了世界上或类似、或迥异的文化形态。国家间如此,民族间亦然。而中国有句俗语"十里不同俗"更是说明就是小到乡里乡村也是这样。所以,文化的差异性是普遍存在的。而这些文化形态,都有其存在的历史性。只要是追求人类的美好生活,那么也就有其存在的合理性。这些不同的文化形态,在丰富着人类文化形态的同时,也在从不同角度、不同层面上,为解决人类不断遇到的各种问题,贡献着自己的力量。从这个意义上讲,每一种文化传统,都有其独特的价值和意义,也都具有不可替代性,因而应当得到尊重。

盲目地追求统一、同一,自视文化"先进"而认为他人的文化"落后",甚至强迫弱小服从强大的做法都是不可取的,都会对人类文化的多元性、多样性造成极大损害。一方面,每一种文化形态,都有其产生的原因,也有其发展完善的自身规律;另一方面,"若以水济水,谁能食之? 若琴瑟之专一,谁能听之?"(《左传·昭公二十年》)就是说,如果饭菜只有一种味道,如果音乐只剩下了一种声音,那么还有人喜欢吃,还有人喜欢听吗? 文化亦是如此,"一枝独秀不是春,百花齐放春满园"。

人类文明的"轴心时代",不论是中国的先秦时期的诸子百家,还是古希腊时期的众多学说,都是这番繁荣景象,很大一部分原因就是得益于不同文化、不同思想之间的相互博弈、争奇斗艳。中世纪的欧洲基督教神学独尊,抑制了其他学术思想的传播与发展,而自启蒙运动以来,宽松的学术环境使得西方思想界又呈现出了勃勃生机。可见,文化的大繁荣、大发展的局面不可能只靠一种理论,一个声音,而应该是"百花齐放、百家争鸣"的。因此,宽松的讨论环境、争鸣的学术氛围是不可或缺的一个重要因素。不同理论、观点的交流、交锋甚至碰撞、冲突是正常的,也是必要的。唯有"百家争鸣",方可"百花齐放";唯有"百花齐放",才能出思想,出体系,出大家,才更加有利于人类社会的进步。

　　我始终相信，宽容，应该是我们面对不同文化形态所应该持有的最基本的态度！

　　是为记。

2018 年 4 月 30 日

于　牛津

主要参考文献

一、中文著作类:

白彤东:《旧邦新命:古今中西参照下的古典儒家政治哲学》,北京:北京大学出版社 2009 年版。

白奚:《稷下学研究:中国古代的思想自由与百家争鸣》,北京:生活·读书·新知三联书店 1998 年版。

宝成关:《西方文化与中国社会——西学东渐史论》,长春:吉林教育出版社 1994 年版。

蔡俊生:《人类社会的形成和原始社会形态》,北京:中国社会科学出版社 1988 年版。

晁福林:《先秦社会思想研究》,北京:商务印书馆 2007 年版。

陈伯海:《中国文化之路》,上海:上海文艺出版社 1992 年版。

陈登原编:《中国文化史》,上海书店根据世界书局 1935、1937 年版影印本。

陈国强主编:《简明文化人类学词典》,杭州:浙江人民出版社 1990 年版。

陈洪、赵季主编:《中国文化导论》,天津:南开大学出版社 2007 年版。

陈江风:《天文与人文——独异的华夏天文文化观念》,北京:国际文化出版公司 1988 年版。

陈来:《古代思想文化的世界——春秋时代的宗教、伦理与社会思想》,北京:生活·读书·新知三联书店 2002 年版。

陈少明:《儒学的现代转折》,沈阳:辽宁大学出版社 1992 年版。

陈卫平:《孔子与中国文化》,贵阳:贵州人民出版社 2000 年版。

陈晏清等:《现代唯物主义导引》,天津:南开大学出版社 1996 年版。

程工:《语言共性论》,上海:上海外语教育出版社 1999 年版。

崔罡等:《新世纪大陆新儒家研究》,合肥:安徽人民出版社 2011 年版。

邓小军:《儒家思想与民主思想的逻辑结合》,成都:四川人民出版社 1995 年版。

方立天:《中国古代哲学问题发展史》,北京:中华书局 1990 年版。

冯契:《中国古代哲学的逻辑发展》,上海:上海人民出版社 1984 年版。

冯胜利:《汉语的韵律、词法与句法》,北京:北京大学出版社 1997 年版。

冯天瑜、邓建华、彭池主编:《中国学术流变》,上海:华东师范大学出版社 2003 年版。

冯友兰:《三松堂学术文集》,北京:北京大学出版社 1984 年版。

冯友兰:《中国哲学简史》,北京:北京大学出版社 1985 年版。

傅建增:《中国文化的历史思考——传统与超越》,石家庄:河北人民出版社 1988 年版。

干春松编:《儒家、儒教与中国制度资源》,南昌:江西人民出版社 2007 年版。

干春松:《重回王道:儒家与世界秩序》,上海:华东师范大学出版社 2012 年版。

干春松:《制度化儒家及其解体》,北京:中国人民大学出版社 2003 年版。

谷方:《主体性哲学与文化问题》,北京:中国和平出版社 1994

年版。

顾颉刚：《古史辨自序》，石家庄：河北教育出版社 2000 年版。

顾颉刚、罗根泽：《古史辨》（第一至六册），上海：上海古籍出版社 1982 年版。

顾伟列：《中国文化通论》，上海：华东师范大学出版社 2006 年版。

郭沫若：《中国古代社会研究》，石家庄：河北教育出版社 2000 年版。

郭沂：《郭店竹简与先秦学术思想》，上海：上海教育出版社 2001 年版。

哈佛燕京学社编：《全球化与文明对话》，南京：江苏教育出版社 2004 年版。

韩德民：《荀子与儒家的社会的理想》，济南：齐鲁书社 2001 年版。

汉语大词典编纂处整理：《康熙字典》，上海：汉语大词典出版社 2002 年版。

何怀宏：《世袭社会及其解体：中国历史上的春秋时代》，北京：生活·读书·新知三联书店 1996 年版。

何信全：《儒学与现代民主——当代新儒家政治哲学研究》，北京：中国社会科学出版社 2001 年版。

侯外庐：《中国思想通史》，北京：人民出版社 1957 年版。

黄枬森、沈宗灵主编：《西方人权学说》（上），成都：四川人民出版社 1994 年版。

江华编著：《中国文化学》，东营：石油大学出版社 2002 年版。

蒋庆：《政治儒学——当代儒学的转向、特质与发展》，北京：生活·读书·新知三联书店 2003 年版。

金元浦：《中国文化概论》，北京：中国人民大学出版社 2015 年版。

李存山：《中国传统哲学纲要》，北京：中国社会科学出版社 2008 年版。

李景林：《教化的哲学——儒家思想的一种新诠释》，哈尔滨：黑龙江人民出版社 2006 年版。

李明辉:《当代儒学的自我转化》,北京:中国社会科学出版社 2001 年版。

李振纲:《中国古代哲学史论》,北京:中国社会科学出版社 2004 年版。

李中华:《中国文化概论》,北京:华文出版社 1994 年版。

李宗桂:《中国文化概论》,广州:中山大学出版社 1988 年版。

梁启超:《梁启超全集》,北京:北京出版社 1999 年版。

梁启超:《先秦政治思想史》,天津:天津古籍出版社 2003 年版。

梁漱溟:《东西文化及其哲学》,北京:商务印书馆 1987 年版。

林惠祥:《文化人类学》,北京:商务印书馆 1996 年版。

刘世军:《近代中国政治文明转型研究》,上海:复旦大学出版社 2000 年版。

刘文英:《儒家文明——传统与传统的超越》,天津:南开大学出版社 1999 年版。

刘晓竹:《孔子政治哲学的原理意识:思辨儒学引论》,北京:中国妇女出版社 2003 年版。

刘贻群编:《庞朴文集》,济南:山东大学出版社 2005 年版。

刘泽华,葛荃主编:《中国古代政治思想史》,天津:南开大学出版社 2001 年版。

刘泽华主编:《中国传统政治哲学与社会整合》,北京:中国社会科学出版社 2000 年版。

柳诒徵:《中国文化史》,上海:上海古籍出版社 2001 年版。

吕思勉:《中国制度史》,上海:上海教育出版社 2005 年版。

罗安宪主编:《中国孔学史》,北京:人民出版社 2008 年版。

蒙文通:《先秦诸子与理学》,桂林:广西师范大学出版社 2006 年版。

牟钟鉴:《儒学价值的新探索》,济南:齐鲁书社 2001 年版。

牟宗三等:《中国文化论文集》,东海大学哲学系主编,台北:幼师文化事业公司 1979—1984 年版。

庞朴:《当代学者自选文库——庞朴卷》,合肥:安徽教育出版社 1999 年版。

庞朴:《文化的民族性与时代性》,北京:中国和平出版社 1988 年版。

彭永捷主编:《论中国哲学学科合法性危机》,保定:河北大学出版社 2011 年版。

秦晖:《传统十论——本土社会的制度、文化及其变革》,上海:复旦大学出版社 2004 年版。

任剑涛:《伦理王国的构造:现代性视野中的儒家伦理政治》,北京:中国社会科学出版社 2005 年版。

任平、远志明等著:《悄悄的革命——文化·价值·主体的变革》,南京:江苏人民出版社 1988 年版。

邵汉明主编:《中国文化精神》,北京:商务印书馆 2000 年版。

邵汉明主编:《中国文化研究二十年》,北京:人民出版社 2003 年版。

申小龙:《汉语与中国文化》,上海:复旦大学出版社 2003 年版。

申小龙:《文化语言学论纲——申小龙语言文化精论》,南宁:广西教育出版社 1996 年版。

宋志明:《中国传统哲学通论》,北京:中国人民大学出版社 2008 年版。

孙隆基:《中国文化的深层结构》,桂林:广西师范大学出版社 2004 年版。

孙晓春:《中国政治思想史论》,长春:吉林人民出版社 2002 年版。

汤一介:《古今东西之争与中国现代文化的发展》,北京:经济日报出版社 1997 年版。

汤一介:《新轴心时代与中国文化的建构》,南昌:江西人民出版社 2007 年版。

唐君毅:《文化意识与道德理性》,北京:中国社会科学出版社

2005 年版。

唐君毅:《中国人文精神之发展》,台北:学生书局 1988 年版。

唐君毅:《中国文化之精神价值》,桂林:广西师范大学出版社 2005 年版。

唐君毅:《中华人文与当今世界》,台北:学生书局。

童恩正:《人类与文化》,重庆:重庆出版社 1998 年版。

童恩正:《文化人类学》,上海:上海人民出版社 1989 年版。

万俊人:《寻求普世伦理》,北京:商务印书馆 2001 年版。

王先明:《中国近代社会文化史论》,北京:人民出版社 2000 年版。

王先明:《中国近代社会文化史续论》,天津:南开大学出版社 2005 年版。

王中江:《视域变化中的中国思想与文化构想》,郑州:中州古籍出版社 2005 年版。

韦政通:《中国文化概论》,长沙:岳麓书社 2003 年版。

吴根友:《在道义论与正义论之间:比较政治哲学诸问题初探》,武汉:武汉大学出版社 2009 年版。

吴克礼:《文化学教程》,上海:上海外语教育出版社 2002 年版。

吴兴、钱明等编校:《王阳明全集》,上海:上海古籍出版社 2014 年版。

夏建中:《文化人类学理论学派——文化研究的历史》,北京:中国人民大学出版社 1997 年版。

萧公权:《中国政治思想史》,北京:新星出版社 2010 年版。

徐洪兴编:《鉴往瞻来——传统文化文化研究的回顾与展望》,上海:复旦大学出版社 2006 年版。

徐清泉:《中国传统人文精神论要——从隐逸文化、文艺实践及封建政治的互动分析入手》,上海:上海社会科学院出版社 2003 年版。

[汉]许慎撰,[清]段玉裁注:《说文解字》,上海:上海古籍出版社 1981 年版。

许苏民:《人文精神论》,武汉:湖北人民出版社 2000 年版。

许倬云:《历史分光镜》,上海:上海文艺出版社 1998 年版。

许倬云:《求古编》,台北:联经出版事业公司 1982 年版。

许倬云:《许倬云观世变》,桂林:广西师范大学出版社 2008 年版。

许倬云:《中国古代文化的特质》,台北:联经出版事业公司 1988 年版。

许倬云:《中国文化的发展过程》,贵阳:贵州人民出版社 2009 年版。

许倬云:《中国文化与世界文化》,贵阳:贵州人民出版社 1991 年版。

杨朝明:《儒家文献与早期儒学研究》,济南:齐鲁书社 2002 年版。

杨高男:《原始儒家伦理政治引论》,长沙:湖南人民出版社 2007 年版。

杨国荣:《善的历程:儒家价值体系研究》,上海:上海人民出版社 2006 年版。

杨荣国:《中国古代思想史》,北京:人民出版社 1954 年版。

杨适:《中西人伦的冲突》,北京:中国人民大学出版社 1991 年版。

杨向奎:《宗周社会与礼乐文明》,北京:人民出版社 1997 年版。

杨泽波:《孟子与中国文化》,贵阳:贵州人民出版社 2000 年版。

余英时:《史学与传统》,台北:时报文化出版事业有限公司 1982 年版。

余英时:《士与中国文化》,上海:上海人民出版社 2003 年版。

余英时:《中国思想传统的现代诠释》,南京:江苏人民出版社 1989 年版。

俞可平:《社群主义》,北京:中国社会科学出版社 2005 年版。

张岱年、方克立主编:《中国文化概论》,北京:北京师范大学出版社 2004 年版。

张光直:《中国青铜时代》,北京:生活·读书·新知三联书店 1983 年版。

张浩:《思维发生学》,北京:中国社会出版社 2005 年版。

张立文:《和合哲学论》,北京:人民出版社 2004 年版。

张立文:《"自己讲"、"讲自己":中国哲学的重建与传统现代的度越》,北京:北京师范大学出版社 2007 年版。

张岂之主编:《中国传统文化》,北京:高等教育出版社 1994 年版。

张千帆:《为了人的尊严:中国古典政治哲学批判与重构》,北京:中国民主法制出版社 2012 年版。

张世英:《天人之际》,北京:人民出版社 2007 年版。

郑晓云:《文化认同与文化变迁》,北京:中国社会科学出版社 1992 年版。

《中国大学人文启思录(第一卷)》,武汉:华中理工大学出版社 1996 年版。

周桂钿主编:《中国传统政治哲学》,石家庄:河北人民出版社 2001 年版。

周山等著:《中国哲学精神》,上海:学林出版社 2009 年版。

周天游主编:《地域社会与传统中国》,西安:西北大学出版社 1995 年版。

朱维铮:《音调未定的传统》,沈阳:辽宁教育出版社 1995 年版。

邹昌林:《中国礼文化》,北京:社会科学文献出版社 2000 年版。

二、译著类:

[英]A.R. 拉德克利夫-布朗:《原始社会的结构与功能》,潘蛟、王贤海、刘文远、知寒译,北京:中央民族大学出版社 1999 年版。

[英]C.W. 沃特森:《多元文化主义》,叶兴艺译,长春:吉林人民出版社 2005 年版。

[美]C. 恩伯、M. 恩伯:《文化的变异——现代文化人类学通论》,杜杉杉译,沈阳:辽宁人民出版社 1988 年版。

［美］E.R.塞维斯：《文化进化论》，黄宝玮、温世伟、李业甫、金雪鸣译，北京：华夏出版社1991年版。

［美］E.希尔斯：《论传统》，傅铿、吕乐译，上海：上海人民出版社1991年版。

［美］J.瓦西纳：《文化和人类发展》，孙晓玲、罗萌等译，上海：华东师范大学出版社2007年版。

［美］R.M.基辛：《文化·社会·个人》，甘华鸣、陈芳、甘黎明译，沈阳：辽宁人民出版社1988年版。

［英］埃德蒙·柏克：《自由与传统——柏克政治论文选》，蒋庆、王瑞昌、王天成译，北京：商务印书馆2001年版。

［英］埃德蒙·伯克：《关于我们崇高与美观念之根源的哲学探讨》，郭飞译，郑州：大象出版社2010年版。

［英］爱德华·泰勒：《人类学——人及其文化研究》，连树声译，上海：上海文艺出版社1993年版。

［法］爱弥尔·涂尔干、马塞尔·莫斯：《原始分类》，汲喆译，上海：上海人民出版社2000年版。

［英］安德鲁·韦伯斯特：《发展社会学》，陈一筠译，北京：华夏出版社1987年版。

［美］安乐哲著，温海明编：《和而不同：比较哲学与中西会通》，北京：北京大学出版社2002年版。

［英］柏克：《法国革命论》，何兆武、许振洲、彭刚译，北京：商务印书馆1999年版。

［美］本杰明·李·沃尔夫：《论语言、思维和现实——沃尔夫文集》，高一虹等译，长沙：湖南教育出版社2001年版。

［美］本尼迪克特·安德森：《想象的共同体——民族主义的起源与散布》，吴叡人译，上海：上海人民出版社2005年版。

［德］彼得·毕尔格：《主体的退隐》，陈良梅、夏清译，南京：南京大学出版社2004年版。

［意］布鲁诺·赛维：《建筑空间论——如何品评建筑》，张似赞

译，北京：中国建筑工业出版社 1985 年版。

[加]布鲁斯・炊格尔：《时间与传统》，蒋祖棣、刘英译，北京：生活・读书・新知三联书店 1991 年版。

[日]大塚久雄：《共同体的基础理论》，于嘉云译，台北：联经出版事业公司 1999 年版。

[英]戴维・赫尔德：《民主的模式》，北京：中央编译出版社 1998 年版。

[美]丹尼尔・贝尔：《社群主义及其批评者》，李琨译，北京：生活・读书・新知三联书店 2002 年版。

[丹]丹・扎哈维：《主体性和自身性——对第一人称视角的探究》，蔡文菁译，上海：译文出版社 2008 年版。

[美]杜维明：《东亚价值与多元现代化》，北京：中国社会科学出版社 2001 年版。

[美]杜维明：《儒家传统与文明对话》，彭国翔编译，石家庄：河北人民出版社 2006 年版。

[德]斐迪南・滕尼斯：《共同体与社会——纯粹社会学的基本概念》，林荣远译，北京：商务印书馆 1999 年版。

[美]费正清、赖肖尔：《中国：传统与变迁》，张沛等译，北京：世界知识出版社 2002 年版。

[美]弗莱德・R. 多尔迈：《主体性的黄昏》，万俊人、朱国钧、吴海针译，上海：上海人民出版社 1992 年版。

[美]哈维兰：《当代人类学》，王铭铭等译，上海：上海人民出版社 1987 年版。

[美]哈维兰：《文化人类学》（第十版），瞿铁鹏、张钰译，上海：上海社会科学院出版社 2006 年版。

[英]汉默顿：《伟大的思想：塑造人类文明的力量》，罗卫平译，贵阳：贵州人民出版社 2004 年版。

[美]郝大维、安乐哲：《汉哲学思维的文化探源》，施忠连译，南京：江苏人民出版社 1999 年版。

［美］郝大维、安乐哲：《通过孔子而思》，何金俐译，北京：北京大学出版社 2005 年版。

［英］怀特海：《思维方式》，刘放桐译，商务印书馆 2004 年版。

［英］霍布斯鲍姆、兰格：《传统的发明》，顾杭、庞冠群译，南京：译林出版社 2004 年版。

［美］基辛：《当代文化人类学》，陈其南校订，于嘉云、张恭启译，台北：巨流图书公司 1980 年版。

［英］柯林伍德：《历史的观念》，何兆武译，北京：商务印书馆 1997 年版。

［美］拉尔菲·比尔斯：《文化人类学》，骆继光、秦文山等译，周庆基校，石家庄：河北教育出版社 1993 年版。

［英］雷蒙德·威廉斯：《文化与社会》，吴松江、张文定译，北京：北京大学出版社 1991 年版。

［美］露丝·本尼迪克特：《文化模式》，王炜等译，北京：生活·读书·新知三联书店 1988 年版。

［美］罗伯特·路威：《文明与野蛮》，吕叔湘译，北京：生活·读书·新知三联书店 2005 年版。

［德］马克思：《1844 年经济学哲学手稿》，北京：人民出版社 2000 年版。

［德］马克思：《共产党宣言》，北京：人民出版社 1997 年版。

《马克思恩格斯全集》（第 2 卷），北京：人民出版社 1979 年版。

［英］马林诺夫斯基：《文化论》，费孝通等译，北京：中国民间文艺出版社 1987 年版。

［美］马文·哈里斯：《文化人类学》，李培茱、高地等译，北京：东方出版社 1988 年版。

［美］马歇尔·萨林斯：《文化与实践理性》，赵丙祥译，上海：上海人民出版社 2002 年版。

［美］麦金太尔：《谁之正义？何种合理性?》，万俊人等译，北京：当代中国出版社 1996 年版。

［美］尼柯尔斯:《苏格拉底与政治共同体——〈王制〉义疏:一场古老的论争》,王双洪译,北京:华夏出版社 2007 年版。

［英］齐格蒙特·鲍曼:《共同体》,欧阳景根译,南京:江苏人民出版社 2003 年版。

［英］齐格蒙特·鲍曼:《流动的现代性》,欧阳景根译,北京:生活·读书·新知三联书店 2002 年版。

［美］乔治·麦克林:《传统与超越》,干春松、杨凤岗译,北京:华夏出版社 2000 年版。

［法］让-克里斯蒂安·珀蒂菲斯:《十九世纪乌托邦共同体的生活》,梁志斐、周铁山译,上海:上海人民出版社 2007 年版。

［法］让-吕克·南希:《结构的共同体》,郭建玲、张建华、张尧均、陈永国、夏可君译,上海:上海人民出版社 2007 年版。

［美］塞缪尔·亨廷顿:《变动社会的政治秩序》,张岱云、聂振雄、石浮、宁安生译,上海:上海译文出版社 1989 年版。

［美］塞缪尔·亨廷顿、劳伦斯·哈里森主编:《文化的重要作用——价值观如何影响人类进步》,程克雄译,北京:新化出版社 2002 年版。

［美］塞缪尔·亨廷顿:《文明的冲突与世界秩序的重建》,周琪、刘绯、张立平、王圆译,北京:新华出版社 1998 年版。

［斯洛文尼亚］斯拉沃热·齐泽克:《敏感的主体——政治本体论的缺席中心》,应奇、陈丽微、孟军、李勇译,南京:江苏人民出版社 2006 年版。

［加］威尔·金里卡:《自由主义、社群与文化》,应奇、葛水林译,上海:上海译文出版社 2005 年版。

［德］威廉·冯·洪堡特:《论人类语言结构的差异及其对人类精神发展的影响》,姚小平译,北京:商务印书馆 1999 年版。

［法］维克多·埃尔:《文化概念》,康新文、晓文译,上海:上海人民出版社 1988 年版。

吴国桢:《中国的传统》,陈博译,北京:东方出版社 2000 年版。

[美]约翰·杜威:《我们如何思维》,新华出版社 2010 年版。

[美]约瑟夫·A.熊彼特:《发展》,《南大商学评论(第 6 辑)》,M.C.贝克尔、T.克纽德森英译,张吨军中译,郑江淮校,2005 年第 3 期。

[美]约瑟夫·斯蒂格利茨:《发展与发展政策》,纪沫、仝冰、海荣译,北京:中国金融出版社 2009 年版。

[英]詹姆斯·乔治·弗雷泽:《金枝》,徐育新、汪培基、张泽石译,北京:大众文艺出版社 1998 年版。

三、论文类:

白彤东:《主权在民,治权在贤:儒家之混合政体及其优越性》,《文史哲》2013 年第 3 期。

曹孟勤:《在成就自己的美德中成就自然万物》,《自然辩证法研究》2009 年第 7 期。

陈来:《20 世纪儒学的学术研究及其意义》,《文史哲》2011 年第 1 期。

陈来:《百年来儒学发展的回顾与前瞻》,《深圳大学学报》(人文社会科学版)2014 年第 3 期。

陈来:《儒学的普遍性与地域性》,《天津社会科学》2005 年第 3 期。

陈敏荣:《对梁启超文化观的重新审视和评价》,《中南民族大学学报》(人文社会科学版)2008 年第 1 期。

陈明:《儒家思想与宪政主义——在天津新区演讲记录稿》,《儒家邮报》第 85 期。

陈万球、曾蓉茜:《中国传统建筑工程的美学意蕴》,《创新》2016 年第 6 期。

陈卫平:《当代中国继承发展传统文化的若干问题》,《浙江社会科学》2003 年第 5 期。

陈赟:《儒学的现代开展与东西文化调和之检讨——论贺麟的文化观》,《学术界》1997 年第 6 期。

陈祖为：《儒家思想与人权》，《学术月刊》2013 年第 11 期。

程志华：《传统文化合法性问题辨析》，《文史哲》2007 年第 1 期。

丁为祥：《从"以经解经"到"以意逆志"——张载经典诠释的原则及其意义》，《复旦学报》2010 年第 6 期。

东方朔：《德性论与儒家伦理》，《天津社会科学》2004 年第 5 期。

董睿：《论易学意象思维与中国传统建筑象征手法的关系》，《东岳论丛》2012 年第 8 期。

董睿：《易学空间定位原则对中国传统建筑布局之影响》，《东岳论丛》2014 年第 8 期。

董文强、邹富汉：《文化、文明与人文精神》，《西北大学学报》（哲学社会科学版）2007 年第 5 期。

杜维明：《新轴心时代的文明对话——兼论二十一世纪新儒家的新使命》，马来西亚《南洋商报》2001 年 1 月 1 日。

费多益：《自我研究的情境化进路》，《哲学动态》2008 年第 3 期。

丰子义：《关于文化建设的几个问题》，《高校理论战线》1997 年第 1 期。

丰子义：《关于文化建设的几个原则问题》，《学术界》1996 年第 5 期。

傅志前：《贲卦美学初探——对中国传统建筑斗拱艺术嬗变的反思》，《周易研究》2009 年第 1 期。

干春松、李伟波：《现代中国的国家意识建构和文化自觉》，《哲学动态》2011 年第 2 期。

干春松：《贤能政治：儒家政治哲学的一个面向——以〈荀子〉的论述为例》，《哲学研究》2013 年第 5 期。

高秉江：《中西哲学与文化的主体间性问题》，《天津社会科学》2006 年第 1 期。

谷声然、欧阳康：《人文精神的本质与基本特征》，《求索》2009 年 2 月。

郭齐勇：《内在式批判与继承性创新》，《河北学刊》2009 年第 2 期。

郭齐勇、肖雄:《中国哲学主体性的具体建构——近年来中国哲学史前沿问题研究》,《哲学动态》2014 年第 3 期。

郭齐勇:《综论现当代新儒学思潮、人物及其问题意识与学术贡献——兼谈我的开放的儒学观(上)》,《探索》2010 年第 3 期。

洪昆辉:《高等智能与人的思维》,《云南民族学院学报》(哲学社会科学版)2002 年第 5 期。

黄艺农:《中国古建筑审美特征》,《湖南师范大学社会科学学报》1998 年第 5 期。

黄勇:《中国哲学研究的全球化:比较哲学与学术交流》,《中国社会科学报》2010 年 7 月 13 日。

黄玉顺:《生活儒学与当代哲学》,《理论学刊》2010 年第 8 期。

黄玉顺:《中国学术从"经学"到"国学"的时代转型》,《中国哲学史》2012 年第 1 期。

黄育馥:《20 世纪兴起的跨学科研究领域——文化生态学》,《国外社会科学》1999 年第 6 期。

姜欢笑、王铁军:《和谐之美——论中国传统建筑之文化生态与精神复归》,《东北师大学报》(哲学社会科学版)2014 年第 6 期。

景海峰:《2008:中国哲学研究的范式变化与前景探索》,《文史哲》2009 年第 5 期。

劳思光:《中国哲学研究之检讨及建议》,《南京大学学报》2013 年第 2 期。

李承贵:《中国哲学的"自我解释"》,《福建论坛》2009 年第 4 期。

李春:《中国传统建筑的审美境界》,《齐鲁学刊》2016 年第 6 期。

李德顺:《怎样科学对待传统文化》,《求是》2014 年第 22 期。

李红章:《"物"的本土溯源与外来翻译》,《江汉论坛》2014 年第 7 期。

李景林、许家星:《国学:中国学术文化的家园》,《哲学研究》2008 年第 3 期。

李玲、李俊:《论儒家思想对中国古建筑的影响》,《东岳论丛》2011 年第 9 期。

李明辉:《儒家、康德与德行伦理学》,《哲学研究》2012年第10期。

李平:《文化生态学研究进展及理论构建》,《佛山科学技术学院学报》(社会科学版)2015年3月。

李维武:《政治儒学的兴起及其对中国思想世界的影响》,《求是学刊》2006年第6期。

李文芳、许成祥:《檐下之意——中国传统建筑的文化意蕴》,《长江大学学报》(社会科学版)2009年第5期。

李翔海:《当代中国文化保守主义思潮的意义与问题》,《华东师范大学学报》(人文社会科学版)2010年第5期。

李振纲:《庄子之"道"与现代生态反思》,《哲学研究》2008年第12期。

廉如鉴、戴烽:《差序格局与伦理本位之间的异同》,《学海》2010年第3期。

梁变凤:《中国古建筑伦理观探析》,《科学技术哲学研究》2013年第1期。

林安梧:《"内圣""外王"之辩:一个"后新儒学"的反思》,《天府新论》2013年第4期。

刘斌、张斌:《儒家文化可否开出民主价值:二战后美国中国学界的相关探讨》,《社会科学研究》2007年第4期。

刘金钟:《中国建筑文化的易学内涵》,《周易研究》1997年第2期。

刘梁剑:《人性论能否为美德伦理奠基?》,《华东师范大学学报》2011年第5期。

刘森林:《"主体"在什么意义上是一个意识形态概念》,《哲学动态》2011年第2期。

刘天华:《阴阳文化与传统建筑文化》,《社会科学》1994年第9期。

刘振华:《论六朝文化的主体意识》,《江苏社会科学》2009年第4期。

刘志成:《对〈文化生态学〉的仰望与思考》,《船山学刊》2016年第2期。

罗安宪:《中国传统人文精神的现代反思》,《人大复印资料·中国哲学》2004年第8期。

蒙培元:《论中国哲学主体思维》,《哲学研究》1991年第3期。

蒙培元:《儒学现代发展的几个问题》,《北京大学学报》(哲学社会科学版)2012年第1期。

蒙培元:《中国哲学生态观的两个问题》,《鄱阳湖学刊》2009年第1期。

莫伟民:《主体的真相——福柯与主体哲学》,《中国社会科学》2010年第3期。

南金花:《超越合法性危机重写中国文化史》,《探索与争鸣》2004年第5期。

倪梁康:《何谓主体,如何生成——与段德智〈主体生成论〉相关的思考》,《华中科技大学学报》(社会科学版)2011年第1期。

倪培民:《将"功夫"引入哲学》,《南京大学学报》2011年第6期。

庞朴:《文化传统与传统文化》,《中国社会科学季刊》1993年第4期。

彭国翔:《中国哲学研究方法论的再反思——"援西入中"及其两种模式》《南京大学学报》2007年第4期。

彭晋媛:《乐从和——中国传统建筑的艺术神韵》,《华侨大学学报》(哲学社会科学版)2003年第4期。

彭晋媛:《礼——中国传统建筑的伦理内涵》,《华侨大学学报》(哲学社会科学版)2003年第1期。

彭永捷:《论儒家政治哲学的特质、使命和方法》,《江汉论坛》2014年第4期。

乔清举:《儒家生态文化的思想与实践》,《孔子研究》2008年第6期。

石群勇:《斯图尔德文化生态学理论述略》,《社科纵横》2008年10月。

汪洪澜:《天人合一:中国传统建筑中的哲学》,《宁夏社会科学》

2006 年第 3 期。

王存刚：《人类命运共同体理念引领人类文明进步方向》，《人民日报》2017 年 7 月 27 日第 7 版。

王建华：《试论中国封建社会政统对道统的控制》，《江汉论坛》2013 年第 3 期。

王琼：《20 世纪 90 年代以来人文精神研究综述》，《学术界》2008 年第 4 期。

王儒芳、李红：《婴儿认知信息加工原理（IPP）综述》，《宁波大学学报》（教育科学版）2004 年第 4 期。

王文元：《略论儒家的人文精神》，《南京社会科学》2006 年第 10 期。

王晓升：《超越主体哲学的困境——关于马克思主义哲学研究新路径的思索》，《学术月刊》2012 年第 8 期。

王晓升：《"主体"概念献疑——马克思主义哲学研究中的主客体框架批判》，《华中科技大学学报》（社会科学版）2012 年第 4 期。

王中江：《早期儒家的"社会角色"意识》，《国学学刊》2009 年第 2 期。

吴雨欣：《当代中国文化保守主义的兴起及其影响》，《湖北社会科学》2010 年第 3 期。

解丽霞：《近二十年来的人文精神研究》，《华南理工大学学报》（社会科学版）2006 年第 6 期。

徐清泉：《天人合一：中国传统建筑文化的审美精神》，《新疆大学学报》（哲学社会科学版）1995 年第 2 期。

徐稳：《论原创力视阈下的中国文化主体意识重建》，《山东青年政治学院学报》2012 年第 4 期。

颜炳罡：《从"依傍"走向主体自觉——中国哲学史研究何以回归其自身》，《文史哲》2005 年第 3 期。

杨国荣：《个体之域与公共领域——以成己与成物过程为视域》，《社会科学》2009 年第 5 期。

杨虎:《论易学哲学的现代转型》,《中州学刊》2017年第8期。

杨希之:《谈传统文化和文化主体意识》,《重庆教育学院学报》2007年第5期。

叶平:《人类中心主义的生态理论》,《哲学研究》1995年第1期。

俞国良、谢天:《文化变迁研究的进展与前瞻》,《黑龙江社会科学》2014年第4期。

曾军:《传统经学、经学传统及其现代转型》,《孔子研究》2013年第4期。

张岱年、刘仲林:《铸造新精神　建设新文化——千年之交新文化瞻望》,《天津师范大学学报(社会科学版)》2000年第1期。

张桂芳:《30年来中国人文精神研究的回顾与展望》,《北京师范大学学报》(社会科学版)2009年第3期。

张立文:《中国传统文化与人类命运共同体》,《光明日报》2017年11月6日。

张其学、姜海龙:《主体性的式微与文化霸权的解构》,《学术研究》2010年第3期。

张汝伦:《再论人文精神》,《探索与争鸣》2006年第5期。

张祥龙:《大陆新儒家的处境及其社会——政治取向》,《云南大学学报(社会科学版)》2011年第6期。

张亚冉:《生殖崇拜思想及其对中国古建筑的影响》,《邯郸学院学报》2011年第3期。

张昭炜:《三冒以成"吾"——方以智论哲学主体的展开》,《哲学动态》2017年第4期。

张兆端:《中华文化主体意识的哲学反思及当代价值》,《社会科学战线》2017年第7期。

赵敦华、刘素民:《主体生成论的宗教背景》,《武汉大学学报》(人文科学版)2010年第5期。

朱高正:《近现代中国输入西方思潮的经验与教训——兼论"重建文化主体意识"对"建设有中国特色社会主义"的现实意义》(上、

下),《长春市委党校学报》2000 年第 1、2 期。

朱高正:《康德批判哲学的启蒙意义——谈文化主体意识的重建》,《哲学研究》1999 年第 7 期。

朱维铮:《传统文化与文化传统》,《复旦学报》(社会科学版)1987年第 1 期。

朱维铮:《何谓 "人文精神"》,《探索与争鸣》1994 年第 10 期。

朱以青:《文化生态学语境下的文化多样性》,《山东社会科学》2012 年第 9 期。

图书在版编目(CIP)数据

中国文化发展论要:从"人文化成"到"和而不同"
/张志宏著. —上海:上海人民出版社,2018
ISBN 978-7-208-15333-2

Ⅰ.①中… Ⅱ.①张… Ⅲ.①中华文化-文化发展-
研究 Ⅳ.①G122

中国版本图书馆 CIP 数据核字(2018)第 158453 号

责任编辑 毛衍沁
封面设计 零创意文化

中国文化发展论要
——从"人文化成"到"和而不同"

张志宏 著

出　　版　上海人 民 大 版 社
　　　　　　（200001　上海福建中路 193 号）
发　　行　上海人民出版社发行中心
印　　刷　上海商务联西印刷有限公司
开　　本　635×965　1/16
印　　张　14.5
插　　页　4
字　　数　194,000
版　　次　2018 年 8 月第 1 版
印　　次　2018 年 8 月第 1 次印刷
ISBN 978-7-208-15333-2/G·1915
定　　价　48.00 元